Franz Decker · Den Streß im Griff

Franz Decker

# Den Streß im Griff

## Neue, sofort umsetzbare Methoden aus Kinesiologie, NLP und Mindfitness

Mit Zeichnungen von
Bernd Treutner, Gießen und
Gerd Ullenboom, München

Die Deutsche Bibliothek - CIP-Einheitsaufnahme

**Decker, Franz:**
Den Streß im Griff : neue, sofort umsetzbare Methoden aus
Kinesiologie, NLP und Mindfitness / Franz Decker. - 1. Aufl. -
Würzburg: Lexika-Verl., Krick Fachmedien, 1999
    ISBN 3-89694-240-9

Lexika Verlag erscheint bei Krick Fachmedien GmbH + Co., Würzburg

©1999 Krick Fachmedien GmbH + Co., Würzburg
Druck: Schleunungdruck, Marktheidenfeld
Printed in Germany
ISBN 3-89694-240-9

# Inhaltsverzeichnis

## Vorwort

Wer heute beruflich mithalten will, muß enorm viel leisten. Aber auch unser privater Alltag und die Freizeit werden zu einer ständig größeren Belastung. Wir leben in einer „Erregungsgesellschaft". Dauerbelastungen führen immer mehr zu einer Störung des inneren Gleichgewichtes, zu Motivationsverlust, Leistungsausfall, Burnout und letztlich zu Gesundheitsstörungen und streßbedingten Krankheiten.

Mitten bei der Arbeit oder während einer Erlebnisreise erleiden immer mehr Menschen Schwindelanfälle, Herzrasen, Muskelzittern. Chronische Müdigkeit, Angstzustände und andere psychosomatische Entgleisungen gehören heute vielerorts zum Alltag. Rund 60 Prozent der Bevölkerung leiden nach Aussagen aktueller Untersuchungen unter Streß. 70 Prozent aller Krankheiten, auch das haben Wissenschaftler herausgefunden, werden von Streß mitverursacht.

Oft wird uns erst zu spät bewußt, daß wir in einer schweren Streßsituation leben. Damit es nicht irgendwann plötzlich zum völligen Zusammenbruch kommt, wäre es notwendig, daß wir schon die ersten Erscheinungen von Streß als Warnung erkennen, dem Streß frühzeitig vorbeugen und ihn regelmäßig und unmittelbar abbauen. Wer die Überlastung von Körper und Seele ernst nimmt, kann seinen persönlichen Umgang mit Streß und das Erleben von stressigen Situationen sehr wohl dauerhaft verändern. Das geht sicher nicht in ein oder zwei Tagen, aber mit Hilfe regelmäßiger kleiner Übungen.

Der Schwerpunkt des vorliegenden Buches besteht deshalb aus praktischen Übungen, die der Gestreßte im Alltag und als Selbsttherapie anwenden kann. Sie stammen vorwiegend aus dem Mentaltraining, der Kinesiologie und dem Neurolinguistischen Programmieren (NLP) und können auch von Laien leicht und sofort umgesetzt werden.

Die Übungen helfen, neue Energien, Vitalität, Wohlbefinden und Leistungskraft aufzubauen. Die Tests im Buch stellen frühzeitig fest, wie groß die Belastungen, Blockaden und Energiedefizite bereits sind.

Insgesamt trägt das Buch dazu bei, daß wir lernen, uns streßauslösenden Situationen besser anzupassen, sie zu vermeiden und den Streß in den Griff zu bekommen. Die Übungen bilden ein wirkungsvolles, erprobtes Anti-Streß-Programm, mit dem wir zurück in die Balance, zu Energie und Wohlbefinden kommen können. Für die Arbeit mit diesen Übungs-Programmen wünsche ich Ihnen viel Erfolg und ebenso viel Spaß und Freude.

*Ravensburg, im März 1999, Franz Decker*

# 1 Streß als Problem unserer Zeit

Streß beherrscht immer stärker unser Leben, und zwar in vielfältiger Weise.
Der Streß ist zum zentralen Problem der 90er Jahre herangereift. Nach John Naisbitt wird Streß-Immunität zu einem wichtigen Thema, z.B. für die persönliche
Selbstmanagement- wie auch für die medizinische Gesundheitstherapie.
Immer häufiger kommen zum Alltags- und Arbeitsstreß der Lebensbewältigungs-
sstreß sowie der Freizeitstreß, unter dem bereits über die Hälfte der Bundesbürger
leiden.

## 1.1 Was bedeutet Streß?

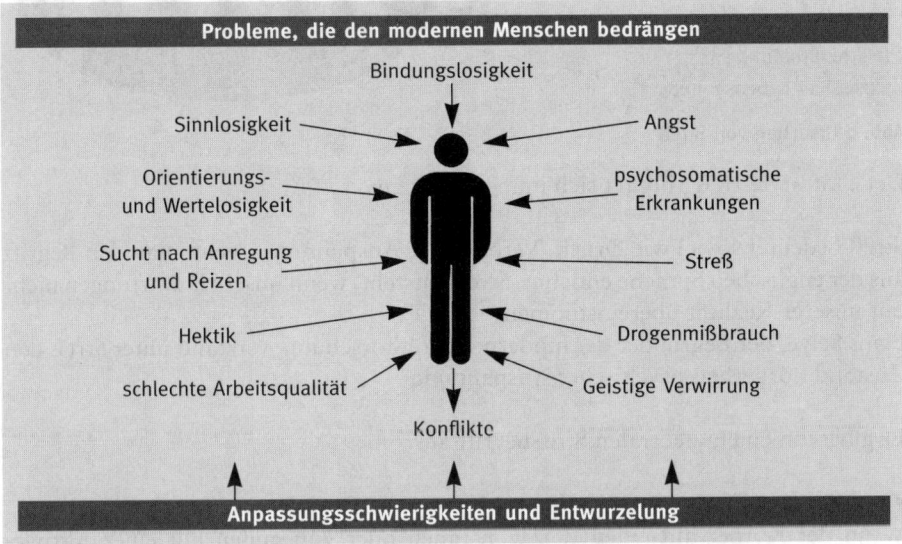

**Abb. 1** Krise des modernen Lebens

Es ist die Krise des modernen Lebens, die uns ständig
• vor neue innere und äußere Belastungsproben stellt,
• die uns verwirrt, gespalten macht, die uns Meinungsvielfalt, Paradoxien aussetzt,
  in Entscheidungs- und Beziehungsstreß setzt.
  Multi-Mind (vgl. Theorie nach R. Ornstein) und Multiple Persönlichkeit haben
  sich noch nicht ausreichend entwickelt. Unser Gehirn wird zum Engpaß,
• mit einer Informationsflut überhäuft, mit neuen Werten, Fakten, Werbeversuchungen, mit medialen Einflüssen bombardiert. Das uns zu Außengeleiteten

macht, wobei Tiefgang, Besinnung und echte Verarbeitung, Beurteilung und Anpassung an den eigenen Horizont zu kurz kommen.

Wir können die Ereignisse nicht mehr in unsere Persönlichkeit integrieren. Synchronisations- und Harmonisierungsstörungen in Körper, Geist und Seele sind oft die Folge. Im schlimmsten Fall kommt es zu einer gespaltenen Persönlichkeit und entsprechenden Krankheiten (z.B. Depression, Schizophrenie).

• Die Ursachen hierfür sind häufig auch Lebensstil und Lebensführung.

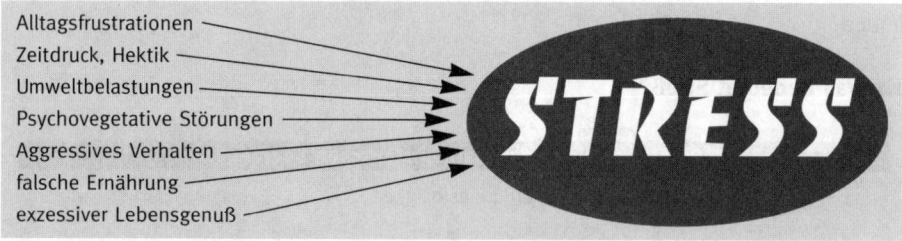

**Abb. 2** Ursachen von Streß

Der „Lifestylestreß" breitet sich immer mehr aus.

Streß bedeutet soviel wie Druck, Verbiegung, Anspannung, wenn man den Begriff aus der englischen Sprache entlehnt. Streß entsteht, wenn unsere Erwartungen nicht mit unserer Realität übereinstimmen.

Hans Selye, der Begründer der modernen Streßforschung, verstand unter Streß den Zustand körperlich-psychischer Anspannung.

Er ging von einem neutralen Streßbegriff aus:

• **Streß =**
Wenn der Körper auf einen Reiz von innen oder von außen mit einer Aktivierungsreaktion antwortet, entweder einer negativen (Dis-Streß) oder positiven (Eu-Streß).

Später wurde der Begriff weiter präzisiert:

| Dis-Streß | Eu-Streß |
|---|---|
| Negativer Streß | Positiver Streß |
| Bedrohung<br>Angst<br>Gefahr | Freude,<br>frohe Erwartung |

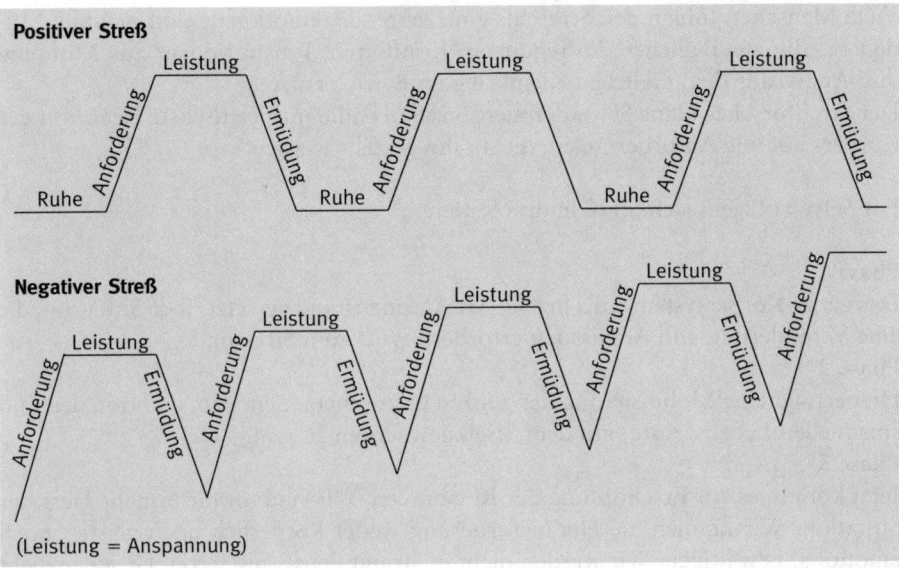

**Abb. 3** Postitiver und negativer Streß

In der Alltagssprache verwendet man vorwiegend den negativen Begriff und spricht dann allgemein von Streß. Wir wollen das hier auch tun.

Der Streß hängt sowohl von der Art des Streßereignisses als auch davon ab, wie ein Mensch den Streß empfindet.

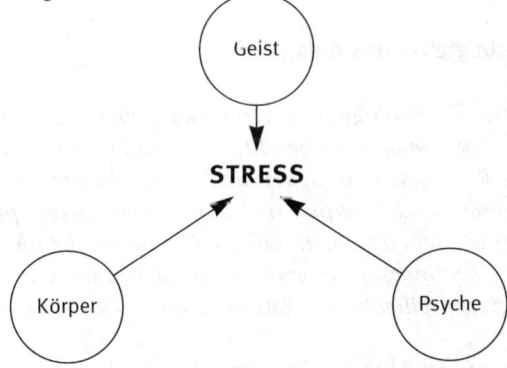

In unseren hektischen Zeiten erhält neben dem Körper- und „Seelen-Streß" der Geistes- oder Mental-Streß eine immer größere Bedeutung.

Viele Menschen fühlen den Streß als eine zehrende, emotionale und mentale Müdigkeit, die aus täglichen Aufregungen, Konflikten, Frustrationen, aus Mobbing und Angst, aus dem täglichen Kleinkrieg im Betrieb entsteht.
Der Streßforscher Hans Selye definiert Streß als „die unspezifischste Reaktion des Körpers auf alle Anforderungen, die an ihn gestellt werden".

Für Selye vollzieht sich Streß in drei Stufen:

**Phase 1**
Das ganze Körpersystem wird in eine Art Alarmzustand versetzt. Jede Situation, die eine Veränderung und Anpassung erfordert, wird zum Stressor.
**Phase 2**
Hier erfolgt eine Mobilisierung der ganzen physischen, mentalen, emotionalen und spirituellen Lebenskräfte, um dem Streß gewachsen zu sein.
**Phase 3**
Jetzt kommt es zur Erschöpfung der Ressourcen. Wir sind oft nicht mehr Herr der Situation. Wir können die Herausforderung weder körperlich noch geistig, noch emotional bewältigen. Wir werden nicht mehr mit dem Streß fertig. Gleichgewicht und Kontrolle gehen verloren.

Es gibt drei Möglichkeiten, den Streß zu bewältigen und das Gleichgewicht zurückzugewinnen:
• Wir verändern unsere Erwartungen und Ansprüche.
• Wir verändern unsere Realität und Herausforderungen.
• Wir verändern sowohl unsere Ansprüche als auch unsere Herausforderungen.

## 1.2 Streß als Dauerbegleiter des Alltags

*„Durch die moderne Technologie hat sich unser Leben stark verändert. Wir sind einer Vielzahl von elektromagnetischen Strahlen und Chemikalien ausgesetzt. Die Massenmedien, die Reisegeschwindigkeit und -möglichkeiten, neue Kommunikationsarten wie Faxgeräte und Computermodems haben unsere private Welt ausgeweitet. Wir müssen verstehen lernen, daß die Gefahren, die uns begegnen und die Probleme, die wir lösen müssen, in erster Linie sich ständig verändernde mentale Herausforderungen darstellen".*     (BRUCE UND JOAN DEWE, FREI VON STRESS)

Streß läßt sich im heutigen Alltag nicht vermeiden. Der von A. Toffler genannte Zukunfts-Schock bedeutet primär Entscheidungsstreß. In einer dynamischen Zeit der Veränderung und Neuorientierung müssen wir in kurzer Zeit mit zu vielen Veränderungen zurechtkommen. Vielfach haben wir nicht die mentalen und emotionalen Fähigkeiten, in bezug auf diese Veränderungen geeignete Lösungen zu entwickeln. Vielmehr blocken wir Veränderungen ab bzw. nehmen den Streß der Veränderungen auf uns. Was fehlt, ist eine mentale Kompetenz, ein Mindfitness, um Veränderungen besser zu bewältigen und daraus neue Chancen und neue Wege zu entwickeln – ohne Streß.

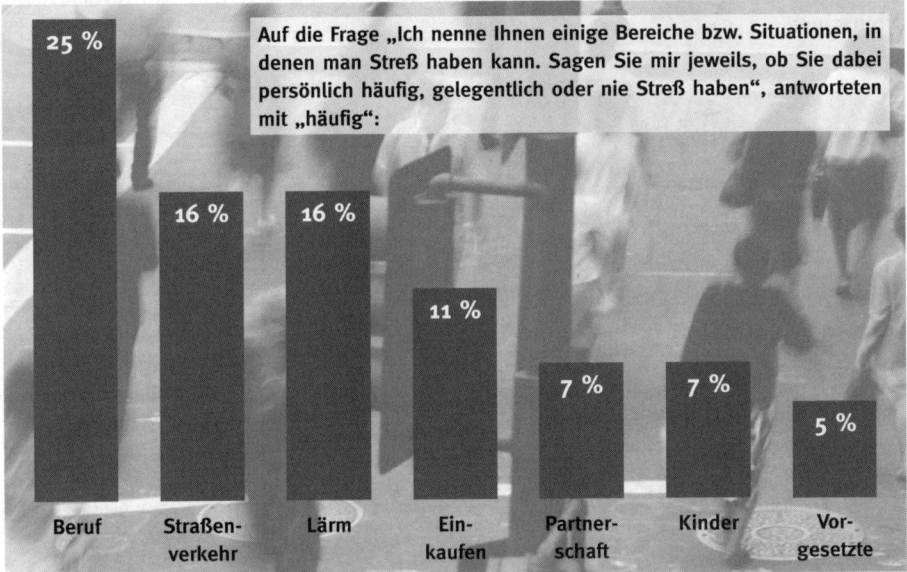

**Auf die Frage „Ich nenne Ihnen einige Bereiche bzw. Situationen, in denen man Streß haben kann. Sagen Sie mir jeweils, ob Sie dabei persönlich häufig, gelegentlich oder nie Streß haben", antworteten mit „häufig":**

25 % Beruf
16 % Straßenverkehr
16 % Lärm
11 % Einkaufen
7 % Partnerschaft
7 % Kinder
5 % Vorgesetzte

**Abb. 4** Hitliste des Alltags-Stresses (Quelle: Sample-Umfrage / FOCUS-Magazin)

Der Streß im Alltag bedroht immer mehr Menschen. Er ist schon so sehr ein Teil unserer Selbst geworden, daß wir gar nicht mehr daran denken, daß Streß die Ursache von vielen Gesundheitsstörungen ist, z.B.:
• Verspannte Schultern,
• Häufige Kopfschmerzen,
• Verstopfung bzw. Durchfall,
• Sexuelle Unlust,
• Ständiges Magendrücken,
• Müdigkeit.
Streß ist bei den meisten Körper-Geist-Seele-Störungen mit im Spiel, z.B. bei:
• Blutdruckschwankungen,
• Immunsystemschwäche,

- Gewichtsproblemen,
- Störungen in der Ernährung,
- Stoffwechselstörungen,
- Störungen im Energiehaushalt u.a.

sind der Lebensstil und die Umwelteinflüsse zu zentralen Ursachen für Gesundheitsstörungen und Krankheiten geworden. Unser Leben in der heutigen Zeit ist aus der Balance geraten und entwickelt sich zu einem Gesundheitsrisiko für immer mehr Menschen.

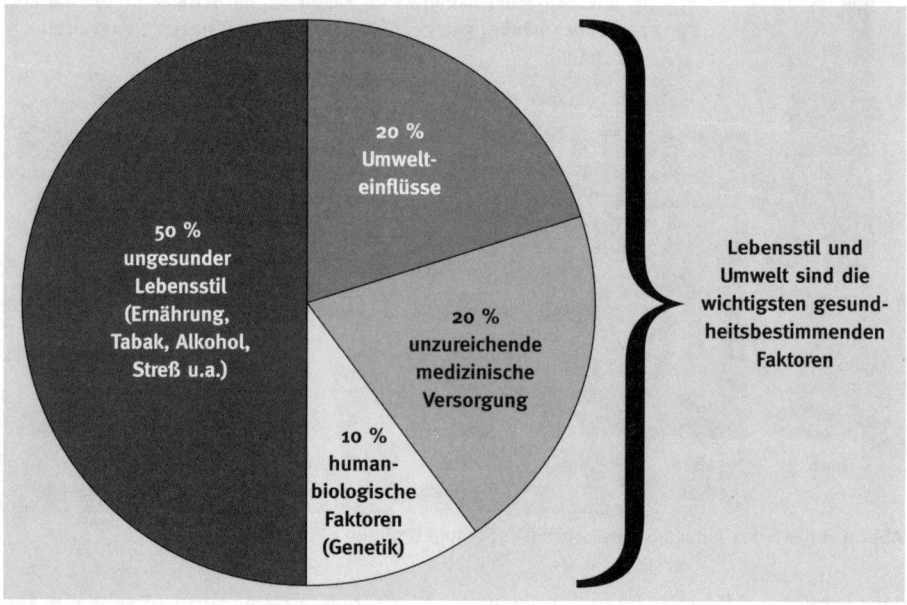

**Abb. 5** Ursachen von Todesfällen in „zivilisierten Industrieländern"

## Unser Zeitalter als Gesundheitsrisiko

- Zeitmangel als Risiko:
  - Verlust der Muße
  - Je schneller, desto besser
  - Fehlendes natürliches Verhältnis zwischen Ruhe und Bewegung
- Globale Welt, Kommunikationsfülle als Risiko:
  Immer mehr, immer erregender
  Jet-Set-Reise-Mentalität

- Technischer Fortschritt und erhöhte Intensität als Risiko:
  Druck und Leistungszwang
  Fehlendes Umdenken in dynamischer Zeit
- Fehlende überschaubare Ordnung und Sicherheit als Risiko:
  Mentale Stagnation, Grübelei und Resignation
  Depressive Grundstimmung statt Zukunftsgestaltung

Die Disregulationen, der Verlust an Balance und Ausgewogenheit stellt die zentrale Ursache für die zivilisatorischen Gesundheitsstörungen dar und führt letztlich zu Zivilisationskrankheiten. (s. Abb. 6).

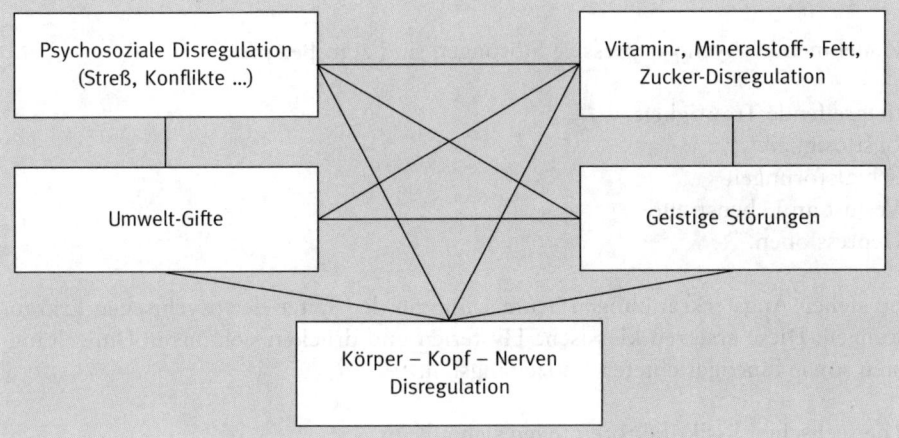

**Abb. 6** Disregulation als Ursache für zivilisatorische Gesundheitsstörungen

## Streßfaktor Mensch

Der Mensch wird in unserer Zeit immer mehr zum Streßfaktor. Beziehungsstörungen, Konflikte, aber auch zu viele Alltagsbelastungen führen zu Gesundheitsstörungen.
Rund ein Drittel der als riskant angesehenen Ereignisse betreffen Beziehungsstörungen. Von Konflikten geht eine große pathogene Wirkung aus. Das macht sich bemerkbar in Krankheiten bzw. einer risikoträchtigen Lebensweise.

*„Wir sind die Hüter der Gesundheit unseres Nächsten, indem wir alle von uns selbst ausgehenden emotionalen Risiken für unsere Mitmenschen unter unsere Kontrolle nehmen."*                    HANS SCHÄFER

---

**Der Mensch als größter Streßfaktor:**
Er belastet sich zu einseitig,
plant nicht sinnvoll,
delegiert nicht,
setzt keine Prioritäten,
nimmt Dinge nicht so, wie sie sind,
strebt keine Balance an.

Aber auch die allgemeine psycho-soziale Befindlichkeit des modernen Menschen, seine große Empfindlichkeit, psycho-depressiven Störungen und seelische Risikofaktoren verstärken die Streßanfälligkeit.

Zunehmende psycho-depressive Störungen sind zum Beispiel:

tiefgreifende Traurigkeit
Lustlosigkeit
Schlafstörungen
Verlust an Lebensfreude
Depressionen.

So stehen Angsterkrankungen heute schon an der Spitze der psychischen Erkrankungen. Diese ersetzen klassische Hysterien und drücken sich aus in Umweltängsten sowie innengerichteten Endzeitängsten.

Die seelischen Risikofaktoren teilen sich auf in:

• „Ego"-Risikofaktoren, wie zum Beispiel:
 Entfaltungshemmungen
 Gefühlshemmungen
 Ärger
 Schuldgefühle
 Ängste
 Gier.

• „Bumerang"-Risikofaktoren, wie zum Beispiel:
 Mißgunst und Neid
 Haß
 Verleumdung
 Rache.

- „Giftpfeil"-Risikofaktoren, wie zum Beispiel:
  Vorurteile
  Vorwürfe
  Manipulation
  Angst einjagen.

**Veränderungen der Persönlichkeitsstruktur und der Befindlichkeit des modernen Menschen:**

**Gewachsen sind**
- Bildungsniveau, Informationsstand
- Individualität, Ich-Bezogenheit
- Bedürfnis nach Selbstverwirklichung
- Sensibilität, Fühlfähigkeit
- Kritisches Bewußtsein
- Anspruchsniveau.

**Geschrumpft sind**
- Psychische Stabilität:
  Die Menschen sind labiler, empfindlicher, schwieriger geworden.
- Belastbarkeit bei steigender Belastung
- Beharrungsvermögen, Härte, Ausdauer (Softy-Typ)
- Psycho-physische Vitalität (Wetterfühligkeit, Allergien, Migräne, Depression, Sucht u.a.)
- Bewältigungsfähigkeit, Entscheidungsfreude aufgrund depressiver Grundhaltung und Ohnmachtsempfindens
- Sinnhaftigkeit, Durchblick
- Bindung und Treue zu Orten, Dingen, Menschen
- Wirklichkeitssinn.

**Umfassendes Überforderungs-Syndrom**
Immer mehr Menschen fühlen sich in der heutigen Zeit überfordert.

Überforderung:
Es wird von einem Menschen mehr verlangt, als er körperlich, geistig, psychisch-sozial leisten kann, und zwar über eine längere Zeit oder als Dauerzustand.

Bei einer Überforderung bleibt also keine Möglichkeit, sich zu erholen bzw. für Ausgleich zu sorgen.

Was führt zur Überforderung?
Es sind einmal bestimmte Belastungen in Umwelt und Beruf, aber auch bestimmte
Persönlichkeitseigenschaften, wie z.B. Ehrgeiz, die zur Überforderung führen.
Abb. 7 gibt dazu einen Überblick.

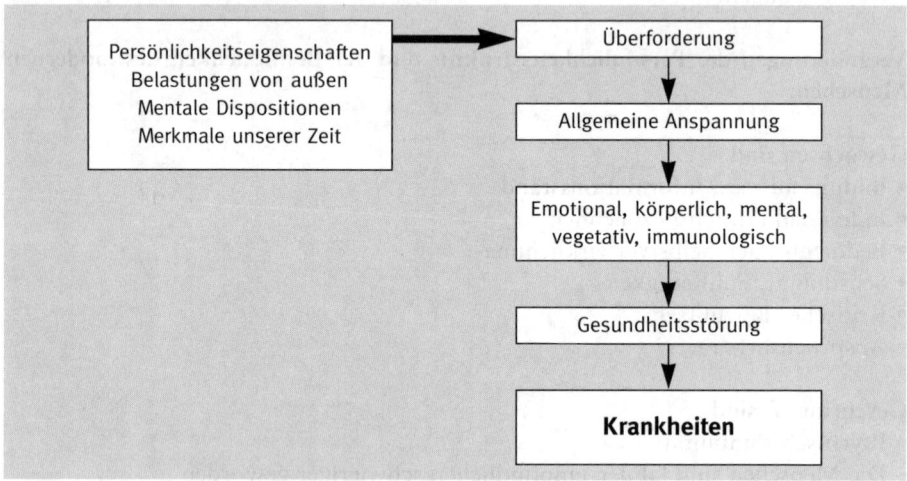

**Abb. 7** Ursachen von Überforderung und Streß

## 1.3 Ursachen der Überforderung

### 1. Persönlichkeitseigenschaften als Gesundheitsrisiko

Bestimmte Persönlichkeitseigenschaften besitzen in unserer Gesellschaft einen Wert:
Power, Aktivität, Dynamik, Gewissenhaftigkeit und Zuverlässigkeit, Gründlichkeit
und Pflichtbewußtsein.
So wichtig diese Eigenschaften sind – vor allem für die Leistungsträger –, so sehr
führen sie allzuschnell zu Streß und Überforderung, weil sie viel Energie verbrau-
chen *(vgl. Hans Greuel, Das Zeitalter des Hörsturzes).*

Energieintensive Persönlichkeitseigenschaften können oft zu Gesundheitsrisiken
werden und zu Streß führen:
• Überaktivität statt Kreativität
• Konflikte durch zu große Gewissenhaftigkeit
• Schlechtes Gewissen wegen zu vieler Pflichten
• Aufopferung

- Übertriebene Hundertprozentigkeit
- Übermäßiger Ehrgeiz
- Bitterer Ernst
- Totales Engagement und Enttäuschung.

## 2. Belastungen ohne Regeneration

Überforderungen entstehen auch als Folge von zu vielen Belastungen – ohne Möglichkeit der Entlastung. Gerade in der heutigen Zeit besteht die Gefahr, daß sich nicht nur Leistungsträger im Beruf, sondern auch Freizeitbesessene bis an die Grenze der Belastbarkeit verausgaben und sich zusätzlich noch mit Nahrungsergänzungen (z.b. Vitaminen), Aufputschmitteln und Drogen „dopen".

Abschalten, Regenerieren und Verarbeiten der Belastungen kommen dabei vielfach zu kurz. Oft ist die Erschöpfung schnell erreicht, ein allgemeines Erschöpfungsgefühl bzw. chronische Müdigkeit gehört dann zum Alltagsempfinden (s. Abb. 8).

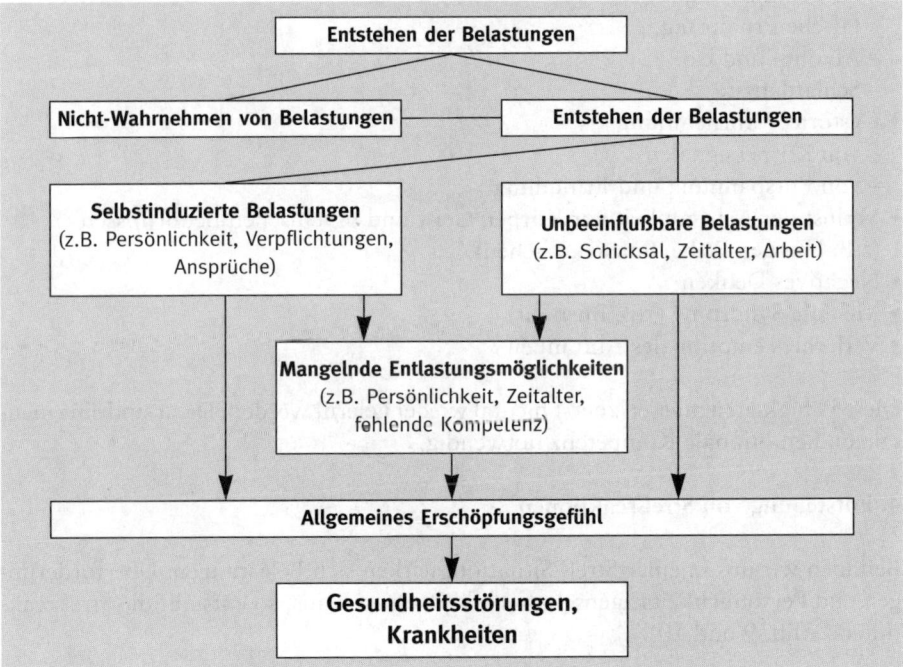

**Abb. 8** Erschöpfungssyndrom aufgrund von Belastungen ohne Regeneration

### 3. Mentale Dispositionen

Alles beginnt im Kopf, auch Persönlichkeitseigenschaften und das Verarbeiten und Bewerten von Belastungen.
Durch mentale Disposition und ein mentales Lebens- und Arbeitskonzept lassen sich Streß, Belastungen und Verhaltensweisen korrigieren sowie Glaubenssätze entwickeln, die aus den Belastungen herausführen und zu einer Balance von Spannung und Entspannung, von Energieverbrauch und Energieerneuerung führen *(vgl. Franz Decker, Energie-Balance finden).*

Viele Menschen haben die Fähigkeiten zur Energie-Rückgewinnung, zur Regeneration, zur natürlichen Balance verlernt. Zeichen hierfür sind:

• Nicht abschalten können
• Falscher Lebensstil
  – zu wenig Bewegung
  – falsche Ernährung
  – Alkohol und Co.
  – Schlafdefizite
• Gestörte Wahrnehmung
  – von Körpersignalen
  – von Entspannung und Ermüdung
• Verlust der Achtsamkeit vor Körper, Geist und psychischen Bedürfnissen
  (z.B. Hunger, Ruhe, Spielen, Lachen)
• Negatives Denken
• Mentale Syndrome (z.B. Burnout)
• Verlerntes emotionales Auftanken.

Diese Fähigkeiten müssen zuerst mental wieder gelernt werden. Dazu sind eine mentale und emotionale Kompetenz notwendig.

### 4. Entstehung von Streßreaktionen

Befinden wir uns in einer Streß-Situation, wirken sich Belastungen, Überforderungen und Persönlichkeitseigenschaften als Stressoren aus, so entsteht die Streßreaktion (s. Abb. 9 und 10).

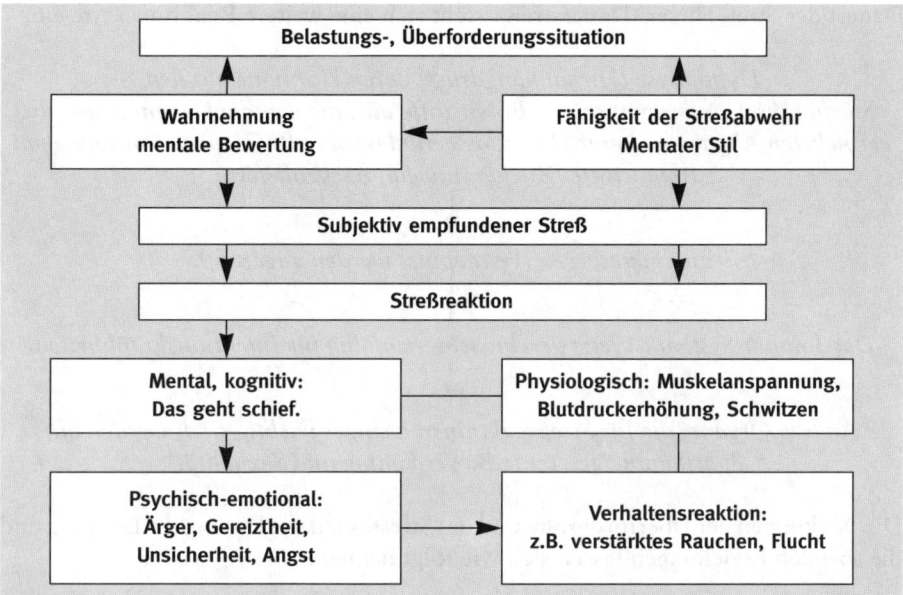

**Abb. 9** Streßreaktion

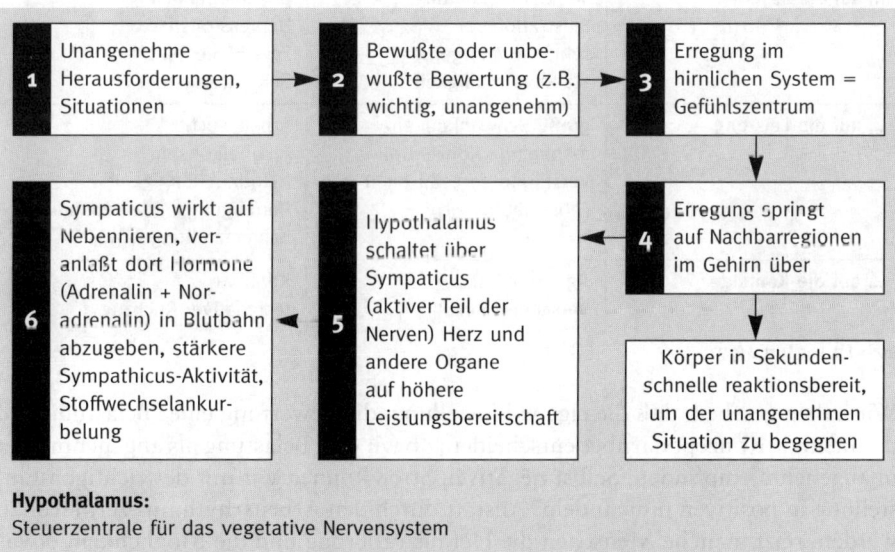

**Abb. 10** Körperliche Streßreaktionskette

Dauert der Streß länger (Dauerstreß), stellt sich eine weitere Reaktionskette ein.

*Hypophyse (Hirnanhangdrüse, deren Hormone auf den Stoffwechsel einwirken) sendet Botenstoffe aus, die u.a. die Nebennieren zur vermehrten Abgabe weiterer Hormone veranlassen (z.B. Cortisol, um genügend Brennstoffe [Zucker, Eiweiß] nachzuliefern).*

↓

*Energiereserven (Fettdepots) werden angezapft.*

↓

*Das Immun-System ist jetzt geschwächt – anfällig für Infektionskrankheiten.*

↓

*Andere Organe, die für Streßreaktionen weniger wichtig sind, werden auf Sparflamme gesetzt (z.B. Verdauung und Sexualität).*

Die Wirkungen der Überforderung und des Stresses auf die Psyche, die Leistung und die sozialen Beziehungen lassen sich wie folgt nennen:

| Wirkungen | kurzfristig | längerfristig |
|---|---|---|
| ... auf die Psyche | starke Anspannung<br>Frustration<br>schnelle Verärgerung<br>ständige Müdigkeit | Unzufriedenheit<br>Depressionsrisiko<br>Zerschlagenheit<br>Selbstwertgefühl |
| ... auf die Leistung | große Schwankungen<br>mangelnde Konzentration<br>verstärkte Vergeßlichkeit<br>Fehlerhäufigkeit | Arbeitssucht<br>Alkoholkonsum<br>Nikotinabhängigkeit<br>Beruhigungsmittelkonsum<br>Schmerzmittelgebrauch |
| ... auf die Kontakte | Aggressivität<br>Verschlossenheit | Konflikte<br>resignativer Rückzug |

aus: Fit for fun 4/97

Wir haben gesehen, daß die eigene Einstellung, die Bewertung einer Belastung und das mentale Konzept darüber entscheiden, ob wir eine Belastung als angenehm oder unangenehm empfinden. Selbst negativen Streß können wir mit der richtigen Einstellung in positiven umwandeln. Anstatt durch den Arbeitsrhythmus zermürbt zu werden, reizt manche Menschen die Herausforderung und die Möglichkeit, etwas bewegen und gestalten zu können.

## 5. Individuelles Erregungsniveau

Wir leben in einer Erregungsgesellschaft, in einem Zeitalter der Reizüberflutung, und doch empfinden viele Menschen immer noch nicht genug Stimulation. Das Verlangen nach Abwechslung, nach Nervenkitzel ist oft groß. Wieviel Spannung bzw. Nervenkitzel jeder braucht, ist individuell verschieden.

Der Durchschnittsbürger von heute, dem oft sinnvolle, erfüllende Tätigkeiten fehlen, braucht ein bestimmtes Maß an Erregung und Aufregung, denn auch Langeweile ist eine gefährliche Zeitkrankheit. Ohne die Stimulation – das kalkulierte Spiel mit dem Risiko – verkümmern die Sinne, die Neugier und auch die Kreativität.

Der Hunger nach starken Reizen ist ein biologisch verankertes Bedürfnis. Das Gehirn von jungen Menschen entwickelt sich aufgrund der gesellschaftlichen Sozialisation, der Medien- und Reizumwelt zu einem Erregungsgehirn. Die Reizschwelle für das geistige Aktivwerden hat sich erhöht – wie Untersuchungen zeigen.

Entscheidend wird in Zukunft sein, daß jeder sein persönliches Reizniveau, seine Dosis an Stimulanz herausfinden muß. Bei Unterstimulierung, Unterforderung suchen viele ihren Kick in falschen Stimulantien, in Drogen und Gewalt. Bei Überforderung stellt sich Streß mit seinen unterschiedlichen Wirkungen auf Körper, Geist und Psyche ein. Entscheidend ist also die Spannungs-Balance.

### 1.4 Burnout-Phänomen

Betroffen sind meist 30- bis 49jährige, einst dynamische Menschen, voller Ideen und Ideale, die selbst schwierigste Aufgaben durch den Glauben an ein bestimmtes Ziel gemeistert haben.

Doch eines Tages:

... ist das Ziel zu hoch gesteckt

... schlagen die vergeblichen Anstrengungen in Frustration um und enden mit der Erschöpfung aller körperlichen und seelischen Kräfte,

... wird die Tagesarbeit nur noch mechanisch erledigt, sie bereitet keinerlei Vergnügen mehr, verändert sich die Arbeitshaltung,

... weichen Optimismus, Energie und Schaffensfreude. Die inneren Spannungen verbrennen alle Energiereserven, bis der Mensch schließlich „ausgebrannt" ist.

**Charakteristische Merkmale für das Krankheitsbild**
**des Ausgebranntseins und der Gefühlsleere:**

- Verlust der geistigen Spannkraft und der körperlichen Energie
- verbunden mit Gefühlen der Hoffnungslosigkeit und Sinnlosigkeit,
- negative Einstellung zur Arbeit, zum Mitmenschen, zum Leben.

Der Burnoutgefährdete wird am Anfang – im Gegensatz zum Depressiven – den nachlassenden Leistungs- bzw. Einsatzwillen durch verdoppelte Aktivitäten zu kompensieren versuchen.

Ursache der Burnout-Krankheit ist der Ärger
- über das eigene Versagen vor den zu hochgesteckten Erwartungen und Zielen,
- über die Hindernisse auf dem Weg zum Erfolg, über Termindruck, über die Schwerfälligkeit der Verwaltung, die Intrigen und die Gleichgültigkeit der Kollegen bzw. Mitmenschen.

Der Körper setzt empfundene Hilflosigkeit (hilflose Helfer), Ärger über die zerbrochenen Ziele und Ideale, die Angst vor dem eigenen Versagen um in
- körperliche Störungen (Mattigkeit, Schlaflosigkeit, hoher Blutdruck, Magengeschwüre),
- ein Gefühl der Leere, Sinnlosigkeit.

**Wege, um dem „Ausbrennen" vorzubeugen**

- Take it easy! Das Leben nicht so ernst nehmen. Auch über sich selbst einmal lachen.

- Prioritäten setzen.

- Realistische, angemessene Ziele setzen.

- Sich so nehmen, wie man ist. Auch ein momentanes Tief akzeptieren.

- Innere Energien in unterschiedlichen Lebensbereichen auftanken (Familie, Freizeit, Freunde, Hobbys).

*„Was nützt es, wenn wir die ganze Welt gewinnen,*
*aber Schaden an unserer Seele erleiden."*

## 2 Streß wahrnehmen durch Tests

### 2.1 Checkliste: Warnsignale rechtzeitig erkennen

Streß bringt uns, unseren Körper, unser Gehirn und damit unsere Gefühle, unser Denken, unser Verhalten durcheinander, blockiert unsere Energie und sendet schon frühzeitig Warnsignale. Deshalb ist ein erster Schritt zur Streßbekämpfung eine frühzeitige Selbstwahrnehmung.

Bestimmen wir bewußt, was unsere Selbstwahrnehmung darüber aussagt, wo die ersten Anzeichen von Überforderung auftreten und wo wir in unserer Entwicklung stehen, wie wir „funktionieren".

Deshalb ist die folgende Checkliste geeignet, den Streß wahrzunehmen. Sie stammt von *Sharon Promislow, 10 starke Tips bei Streß,* und *Bruce und Jean Dewe, Frei von Streß.*
Arbeiten Sie diese Checklisten in Ruhe durch – die angekreuzten Felder verraten Ihnen, wo in Ihrem Alltag Streßmomente lauern.

---

### ✅ Streß wahrnehmen

Kreuzen Sie bitte Ihre größten Streßfaktoren an. Was Sie besonders stark streßt, markieren Sie bitte doppelt. Schonen Sie sich nicht!

**Ihre wichtigsten Streßfaktoren**

Chef . . . . . . . . . . . . . . . . . . . . . . . . . . . . . . . . . . . . . . . . . . . . . . . . . . . . . . . ☐
Eltern . . . . . . . . . . . . . . . . . . . . . . . . . . . . . . . . . . . . . . . . . . . . . . . . . . . . . . . ☐
Ehepartner . . . . . . . . . . . . . . . . . . . . . . . . . . . . . . . . . . . . . . . . . . . . . . . . . . . ☐
Kinder . . . . . . . . . . . . . . . . . . . . . . . . . . . . . . . . . . . . . . . . . . . . . . . . . . . . . . . ☐
Rechnungen . . . . . . . . . . . . . . . . . . . . . . . . . . . . . . . . . . . . . . . . . . . . . . . . . . ☐
Zeitmangel oder/und zuviel zu tun . . . . . . . . . . . . . . . . . . . . . . . . . . . . . . . . . ☐
andere Faktoren (bitte hier aufschreiben):

_____

_____

_____

---

**Ihre Warnsignale für akuten Streß**

**Emotionale Signale:**
Apathie . . . . . . . . . . . . . . . . . . . . . . . . . . . . . . . . . . . . . . . . . . . . . . . . . . . . . . ☐
Angst . . . . . . . . . . . . . . . . . . . . . . . . . . . . . . . . . . . . . . . . . . . . . . . . . . . . . . . . ☐
Reizbarkeit . . . . . . . . . . . . . . . . . . . . . . . . . . . . . . . . . . . . . . . . . . . . . . . . . . . ☐
Depression . . . . . . . . . . . . . . . . . . . . . . . . . . . . . . . . . . . . . . . . . . . . . . . . . . . ☐

**Mentale Signale:**

Geistige Müdigkeit . . . . . . . . . . . . . . . . . . . . . . . . . . . . . . . . . . . . . . . . . . . ☐
Überkompensation . . . . . . . . . . . . . . . . . . . . . . . . . . . . . . . . . . . . . . . . . . . ☐
Ablehnung . . . . . . . . . . . . . . . . . . . . . . . . . . . . . . . . . . . . . . . . . . . . . . . . . ☐

**Verhaltenssignale:**

Vermeidungsverhalten . . . . . . . . . . . . . . . . . . . . . . . . . . . . . . . . . . . . . . . . . ☐
Extreme Stimmungsschwankungen . . . . . . . . . . . . . . . . . . . . . . . . . . . . . . . ☐

**Schwierigkeiten beim Klarkommen mit:**

Dem Leben . . . . . . . . . . . . . . . . . . . . . . . . . . . . . . . . . . . . . . . . . . . . . . . . . ☐
Der Arbeit . . . . . . . . . . . . . . . . . . . . . . . . . . . . . . . . . . . . . . . . . . . . . . . . . . ☐
Den Beziehungen . . . . . . . . . . . . . . . . . . . . . . . . . . . . . . . . . . . . . . . . . . . . ☐

**Körperliche Signale:**

Häufiges Kranksein . . . . . . . . . . . . . . . . . . . . . . . . . . . . . . . . . . . . . . . . . . . ☐
Kleinere Unpäßlichkeiten . . . . . . . . . . . . . . . . . . . . . . . . . . . . . . . . . . . . . . ☐
Physische Erschöpfung . . . . . . . . . . . . . . . . . . . . . . . . . . . . . . . . . . . . . . . . ☐
Hypochondrie . . . . . . . . . . . . . . . . . . . . . . . . . . . . . . . . . . . . . . . . . . . . . . . . ☐
Selbstbehandlung . . . . . . . . . . . . . . . . . . . . . . . . . . . . . . . . . . . . . . . . . . . . ☐

Andere Signale:

_____

_____


**Ihre Verhaltensmerkmale bei Streß**

Abbruch mitten im Spiel . . . . . . . . . . . . . . . . . . . . . . . . . . . . . . . . . . . . . . . ☐
Allergien . . . . . . . . . . . . . . . . . . . . . . . . . . . . . . . . . . . . . . . . . . . . . . . . . . . . ☐
Alpträume . . . . . . . . . . . . . . . . . . . . . . . . . . . . . . . . . . . . . . . . . . . . . . . . . . ☐
Begonnenes nicht zu Ende führen . . . . . . . . . . . . . . . . . . . . . . . . . . . . . . . ☐
Belästigung anderer . . . . . . . . . . . . . . . . . . . . . . . . . . . . . . . . . . . . . . . . . . ☐
Bettnässen . . . . . . . . . . . . . . . . . . . . . . . . . . . . . . . . . . . . . . . . . . . . . . . . . ☐
Empfindlichkeit . . . . . . . . . . . . . . . . . . . . . . . . . . . . . . . . . . . . . . . . . . . . . . ☐
Entscheidungsschwierigkeiten . . . . . . . . . . . . . . . . . . . . . . . . . . . . . . . . . . ☐
Festhalten an Altem . . . . . . . . . . . . . . . . . . . . . . . . . . . . . . . . . . . . . . . . . . ☐
Häufiges Augenreiben . . . . . . . . . . . . . . . . . . . . . . . . . . . . . . . . . . . . . . . . . ☐
Hyperaktivität . . . . . . . . . . . . . . . . . . . . . . . . . . . . . . . . . . . . . . . . . . . . . . . ☐
Impulsivität . . . . . . . . . . . . . . . . . . . . . . . . . . . . . . . . . . . . . . . . . . . . . . . . . ☐
Konzentrationsschwierigkeiten . . . . . . . . . . . . . . . . . . . . . . . . . . . . . . . . . . ☐
Kopfschmerzen . . . . . . . . . . . . . . . . . . . . . . . . . . . . . . . . . . . . . . . . . . . . . . ☐
Langsames Arbeitstempo . . . . . . . . . . . . . . . . . . . . . . . . . . . . . . . . . . . . . . ☐
Launenhaftigkeit . . . . . . . . . . . . . . . . . . . . . . . . . . . . . . . . . . . . . . . . . . . . . ☐
Leichte Erregbarkeit . . . . . . . . . . . . . . . . . . . . . . . . . . . . . . . . . . . . . . . . . . ☐
Mangel an altersentsprechender Reife . . . . . . . . . . . . . . . . . . . . . . . . . . . . ☐
Mangel an Vertrauen . . . . . . . . . . . . . . . . . . . . . . . . . . . . . . . . . . . . . . . . . . ☐
Mangelhafte Augen-Hand-Koordination . . . . . . . . . . . . . . . . . . . . . . . . . . . ☐

Nägelkauen .......................................................... ☐
Neigung zu Konflikten .............................................. ☐
Neigung zu Lügen ................................................... ☐
Neigung zu Unfällen ................................................ ☐
Neigung, andere zu plagen .......................................... ☐
Probleme, die Zeit richtig einzuteilen .............................. ☐
Probleme, die Zeit einzuschätzen ................................... ☐
Rücksichtslosigkeit ................................................ ☐
Ruhelosigkeit ...................................................... ☐
Schlechte Handschrift .............................................. ☐
Schlechtes Leseverständnis ......................................... ☐
Schreiben mit dem Kopf auf dem Arm ................................. ☐
Schwierigkeiten, Anweisungen zu befolgen ........................... ☐
Schwierigkeiten, Anweisungen zu geben .............................. ☐
Tagträume .......................................................... ☐
Trotz .............................................................. ☐
Übermäßiger Redefluß ............................................... ☐
Unbeliebtheit ...................................................... ☐
Unberechenbarkeit .................................................. ☐
Unfähigkeit, Streß zu bewältigen ................................... ☐
Ungeduld ........................................................... ☐
Ungeschicklichkeit ................................................. ☐
Verstopfung ........................................................ ☐
Verwechseln von Buchstaben oder Zahlen ............................. ☐

Mit freundlicher Erlaubnis erstellt nach: Dewe: Frei von Streß und Stokes / Whiteside: One Brain.

## 2.2 Checkliste: Ihre persönliche Vitalität

Vitalität meint die Energie, Spannkraft und Lebenstüchtigkeit, die unser Verhalten, Erleben und Leistungsvermögen beeinflussen.

Vitale Menschen sind solche, die
• hohe Belastungen aushalten,
• Leistungskraft besitzen,
• Beziehungsstresse und Konflikte aushalten.

Die persönliche Vitalität hängt ab von der Veranlagung, der Lebensweise, den Einstellungen, Erwartungen und Motivationen. Jeder einzelne genannte Faktor kann zum Teil aktiviert werden.

## ✅ Testen Sie Ihre Vitalität

Der folgende Test soll Ihnen helfen, Ihr Vitalitätspotential zu ermitteln.
Addieren Sie nach einer möglichst spontanen Beantwortung die angekreuzten Punkte zusammen. Das Ergebnis gibt Auskunft über Ihre Vitalität.

1. Ich bin abgespannt, müde und deprimiert.
ständig (5)    oft (4)    selten (2)    nie (0)

2. Schon nach geringer Anstrengung bin ich wie ausgepumpt.
ja (4)    nein (0)

3. Nach Anstrengungen erhole ich mich nur langsam wieder.
ja (4)    nein (0)

4. Obwohl ich abends todmüde bin, schlafe ich schlecht ein und nur oberflächlich und unruhig durch.
ständig (4)    oft (3)    selten (2)    nie (0)

5. Morgens wache ich trotz ausreichender Nachtruhe müde und abgespannt auf.
ständig (5)    oft (4)    selten (2)    nie (0)

6. Tagsüber erlebe ich Phasen bleierner Müdigkeit, in denen ich kaum noch einen klaren Gedanken fassen kann.
ständig (4)    oft (3)    selten (2)    nie (0)

7. Abends und am Wochenende will ich nur ausruhen, für Aktivitäten fehlt mir die Kraft.
ja (5)    nein (0)

8. Die chronische Müdigkeit macht mich gereizt und aggressiv.
ja (4)    nein (0)

9. Auch wenn ich mich am freien Wochenende lang ausruhe, fühle ich mich danach nicht erholt.
ja (4)    nein (0)

10. Mein Leben verläuft langweilig und nutzlos.
ja (4)    nein (0)

11. Beim Lesen oder Fernsehen schlafe ich unvermittelt ein.
oft (5)    selten (2)    nie (0)

12. In Gesellschaft bin ich zu müde, um mich richtig an den Gesprächen zu beteiligen.
oft (4)    selten (2)    nie (0)

13. Wenn Müdigkeit mich übermannt, helfen mir Kaffee, Zigaretten oder Süßigkeiten vorübergehend darüber hinweg.
ja (4)   nein (0)

---

14. Ich nehme Kreislauf- und/oder andere Anregungsmittel ein, um meinen Pflichten gewachsen zu sein.
ständig (6)   oft (4)   selten (2)   nie (0)

---

15. Wegen meiner chronischen Müdigkeit befürchte ich, irgendwann zu versagen.
ja (4)   nein (0)

Mit freundlicher Erlaubnis erstellt nach: G. Leibold: Mehr leisten ohne Tabletten.

## Auswertung:

Addieren Sie nun die Punkte der Antworten, die auf Sie zutreffen. Das Ergebnis liegt zwischen 0 und 67 Punkten und wird wie folgt beurteilt:

**0–5 Punkte:**
Ihre Vitalität und Leistungskraft sind beneidenswert.

**6–15 Punkte:**
Sie verfügen über viel Vitalität und Energie. Wenn Sie noch einige kleine Fehler, die vermutlich in Ihrer Lebensweise zu suchen sind, ausschalten, kann sich Ihre Leistungskraft noch weiter verbessern.

**16–25 Punkte:**
Ihre Vitalität und Ihr Leistungsvermögen sind durchschnittlich und können durch Training deutlich verbessert werden.

**26–40 Punkte:**
Ihre Vitalität ist mäßig. Versuchen Sie, mit Hilfe dieses Buchs die Ursachen zu erkennen und durch Training zu beseitigen. Hilft das nicht bald, suchen Sie vorsorglich einen Therapeuten auf, damit keine mögliche Krankheit verschleppt wird.

**über 40 Punkte:**
Ihre Vitalität ist erheblich geschwächt. Lassen Sie sich bald untersuchen und beginnen Sie sofort mit dem Übungsprogramm dieses Buchs.

## 2.3 Checkliste: Ursachen für Energielosigkeit und Abgespanntsein

Die folgende Checkliste kann eine fachmännische Untersuchung nicht ersetzen. Sie ermöglicht aber eine Verdachtsdiagnose, aus der sich ergibt, ob das später beschriebene Fitneßprogramm durchgeführt oder besser ein Therapeut aufgesucht werden soll.

### ✅ Wo liegen Ihre persönlichen Streßmomente?

Die Fragen sind in 4 Gruppen unterteilt. Jede Gruppe erfaßt bestimmte Ursachen der Ermüdung und Leistungsschwäche.

Beantworten Sie alle Fragen spontan, und lesen Sie dann in der Auswertung nach, wodurch die Abgespanntheit bei Ihnen vermutlich entsteht.

1. • Tritt die Müdigkeit nur nach körperlichen und/oder geistigen Anstrengungen auf?    ja (o)
                                                                                        nein (1)

  • Macht die Ermüdung Sie häufig gereizt und nervös?    ja (1)
                                                         nein (o)

  • Schlafen Sie rasch ein und tief durch, wenn Sie ermüdet und abgespannt sind?    ja (o)
                                                                                    nein (1)

  • Fühlen Sie sich nach ausreichend langer Ruhe wieder fit und leistungsfähig?    ja (o)
                                                                                   nein (1)

  • Wachen Sie morgens nach genügend Schlaf frisch und gut erholt auf?    ja (o)
                                                                          nein (1)

Wenn Sie bei den obigen Fragen o Punkte erzielt haben, ist Ihre Müdigkeit die normale Folge von Anstrengungen.
Falls Sie sich häufig müde und abgespannt fühlen, gönnen Sie sich wahrscheinlich zu wenig Ruhe und Schlaf. Das sollten Sie sofort ändern.
Ab 1 Punkt besteht Verdacht auf eine körperliche und/oder seelische Ursache Ihrer Ermüdung, die Sie durch die Fragen der Gruppe 2 bis 4 ermitteln können.

2. • Sind Sie chronisch nervös, unruhig, gereizt und schlafen Sie schlecht?    ja (1)
                                                                               nein (o)

  • Fühlen Sie sich häufig / ständig mutlos, niedergeschlagen und/oder ängstlich?    ja (1)
                                                                                     nein (o)

  • Meinen Sie, daß Sie beruflich und/oder privat häufig / dauernd
    unter zu hohem Zeit- und Leistungsdruck stehen?    ja (1)
                                                        nein (o)

- Fühlen Sie sich überfordert, können sich aber aus Angst vor    ja (1)
  Nachteilen nicht offen dagegen wehren?    nein (0)

- Gibt Ihnen die Arbeit Befriedigung und Erfolgserlebnisse?    ja (0)
    nein (1)

- Langweilen Sie sich oft, erscheint Ihnen Ihr Leben wenig erfüllt und sinnvoll?    ja (1)
    nein (0)

- Gibt es in Ihrem Leben Sorgen, Konflikte und andere Probleme,    ja (1)
  die Sie nicht lösen können / wollen und unter denen Sie deshalb leiden?    nein (0)

Bei einem oder mehr Punkten in dieser Gruppe erklärt sich Ihre Müdigkeit wahrscheinlich aus seelisch-nervösen Ursachen.
Versuchen Sie, diesen auf die Spur zu kommen und sie dann zu ändern.
Bei Verdacht auf krankhafte Angstzustände, Depressionen und andere psychische Erkrankungen kann eine Psychotherapie angebracht sein.

3. • Errechnen Sie Ihr Normalgewicht nach der Formel „Körpergröße in cm    ja (0)
   minus 100". Entspricht dem Ihr tatsächliches Gewicht ungefähr?    nein (1)

- Ernähren Sie sich gesundheitsbewußt mit wenig    ja (0)
  Fleisch, viel Rohkost und Vollkornprodukten?    nein (1)

- Neigen Sie zu Kopfschmerzen, unreiner Haut und/oder    ja (1)
  rheumatischen Beschwerden?    nein (0)

- Essen Sie häufiger Süßigkeiten, Weißbrot, polierten Reis    ja (1)
  und andere denaturierte Kohlenhydrate?    nein (0)

- Trinken Sie häufig / regelmäßig Kaffee, koffeinhaltige    ja (1)
  Limonaden und/oder Alkohol?    nein (0)

- Rauchen Sie ständig mehr als 3–5 Zigaretten am Tag?    ja (1)
    nein (0)

- Nehmen Sie häufiger / regelmäßig Medikamente    ja (1)
  ein, die Sie sich selbst „verordnet" haben?    nein (0)

- Treiben Sie täglich mindestens 2 mal 5–10 Minuten Gymnastik,    ja (0)
  und bewegen Sie sich wöchentlich mindestens 3 mal 30 Minuten im Freien?    nein (1)

Wenn Sie in dieser Gruppe 1 Punkt oder mehr notieren mußten, läßt sich Ihre chronische Müdigkeit und Leistungsschwäche wahrscheinlich auf Fehler in der Ernährung und Lebensweise zurückführen.
Überprüfen Sie selbstkritisch Ihre Gewohnheiten, und ändern Sie konsequent alles, was Ihre Gesundheit und Leistungsfähigkeit beeinträchtigen kann.

→

4. • Leiden Sie häufiger / chronisch unter Blähungen, Übelkeit,      ja (1)
   Erbrechen, Durchfall, Verstopfung und anderen Verdauungsstörungen?      nein (0)

  • Fühlen Sie sich nüchtern und/oder nach den Mahlzeiten schwach und müde?      ja (1)
                                                                   nein (0)

  • Sind Ihre Glieder chronisch kalt, die Lippen bläulich, ist Ihre      ja (0)
   Haut blaß und/oder neigen Sie zu Schwindelanfällen?      nein (0)

  • Leiden Sie häufiger / chronisch unter Husten und/oder Atemnot?      ja (1)
                                                                   nein (0)

  • Leiden Sie unter anderen Gesundheitsstörungen, die Sie zwar nicht      ja (1)
   stärker beeinträchtigen, aber auch nicht heilen, z.B. Hautveränderungen      nein (0)
   oder Ausscheidungsstörungen?

Wenn in der 4. Gruppe 1 Punkt oder mehr ermittelt wurde, deutet das auf eine organische Krankheit als Ursache der Abgespanntheit und Leistungsschwäche hin.
Veranlassen Sie bald eine gründliche Untersuchung, damit ein Fachmann die notwendigen Therapie einleiten kann.

aus: G. Leibold, Mehr leisten ohne Tabletten.

## 2.4 Fallbeispiel: Hoffnungslos überfordert

 Abteilungsleiter Klaus Paulens (47 Jahre) kommt zu Mental-Gesundheitsberaterin Ute Heimpel. „Durch Umorganisation in unserem Betrieb muß ich jetzt noch mehr arbeiten. Ich fühle mich wie in einem Teufelskreis. Die Streßsymptome werden immer stärker und vielfältiger: Verspannte Schultern, häufigere Kopfschmerzen, Durchfall, ständiges Magendrücken. Entweder ich muß hier im Betrieb weniger arbeiten oder den Streß kompensieren, bekämpfen.

Auch mit meinen Kollegen gibt es mehr Streß. Meine Partnerin ist auch kein Auffangbecken. Bei ihr kann ich meinen Streß nicht abbauen. Alle sind so gereizt.

Die ganze Situation, der Streß liegt sicher auch an mir. Vielleicht muß ich meine persönliche Verhaltens- und Denkweise ändern. Meine Persönlichkeitseigenschaften fördern den Streß noch. Vielleicht nehme ich alles zu ernst und zu gründlich. In letzter Zeit denke ich oft: Warum tue ich mir das an?

Es fehlt mir Optimismus und Leichtigkeit. Vielleicht habe ich auch meine Fähigkeiten verlernt, zu relaxen, auf meinen Körper und Geist zu achten. Muß ich mein Leben ändern? Ich möchte, daß Sie mich beraten."

Ute Heimpel führt jetzt mit Klaus einen Gesundheitsberatungsprozeß durch.

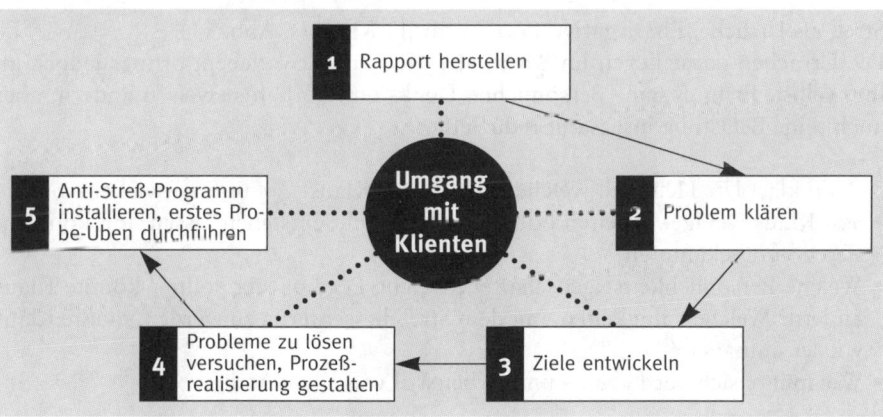

**Abb. 11** Der Gesundheits-Beratungsprozeß

**Vorgehensweisen**

1. Als Klaus Paulens zu Ute Heimpel kam, erkannte sie gleich, daß er gestreßt ist. Sie stellte als erstes einen Rapport her, führte ein „warming up" durch.
Rapport = Ein Gefühl von Vertrauen aufbauen.
> Im Gespräch bildet eine positive Beziehung die Basis für einen guten Kontakt.
> Ein Rapport kann aufgebaut werden durch synchron verlaufende Physiologien, Körperbewegungen, Blickkontakt, entspannte Athmosphäre, aufeinander eingehen und Respekt voreinander.

Ute Heimpel „wärmt" ihren Klienten an z.b. durch eine Entspannungsübung, bevor sie das Problem zu klären versucht.

2. Jetzt geht Ute Heimpel an die Problemklärung heran und versucht, Klaus durch Fragen zum Sprechen zu bringen.
• Mit Hilfe eines Vitalitätstests versucht sie herauszufinden, welche körperlichen Symptome für Streß sprechen.
• Sie überprüft, welche Nachteile Klaus durch seinen negativen Streß hat.
• Sie prüft, wo die von Klaus geschilderten Ursachen des Streßes liegen.
• Sie analysiert, welche Rolle die Persönlichkeitseigenschaften von Klaus für die Streßentstehung spielen.

Streß als Ursache: Ein negativer Streß bedroht Klaus (s. Abb. 11).
Die Ursachen dafür liegen im Beruf, aber auch im Privatleben, primär jedoch an ihm selbst. Er muß seine persönlichen Denk- und Verhaltensweisen ändern, aber auch seine Belastung insgesamt reduzieren.

3. Nun klärt Ute Heimpel, welche Ziele sie für Klaus' Zukunft entwickeln muß.
• Soll Klaus weniger arbeiten oder den Streß nicht entstehen lassen, ihn kompensieren und bekämpfen?
• Welche Persönlichkeitseigenschaften, welche Denkmuster sollte / könnte Klaus ändern? Welche Fähigkeiten, mit dem Streß besser fertig zu werden, müßte Klaus wieder aufbauen?
• Wie müßte sich der Lebens- und Arbeitsstil von Klaus ändern?

Das wichtigste Ziel ist, den Streß nicht erst entstehen zu lassen, z.B.
– indem Klaus gelassener wird,
– indem er seine Belastung weniger geistig verstärkt durch konfliktfreie Denkweise,

– aber seinen täglichen Streß auch bekämpft durch ein tägliches Körper-Geist-Ausgleichsprogramm (z.B. täglich vor der Arbeit joggen oder spazieren gehen, Gymnastik u.a.)
Klaus müßte aber auch seine Lebens- und Arbeitsweise ändern, z.B. sich vitalstoffreich ernähren und weniger arbeiten.

Ute Heimpel formuliert mit Klaus auch eine Affirmation, eine Vorsatzformel, die er sich in entspannten, engagierten Augenblicken immer wieder vorspricht (Autosuggestion).
Beispiel: „Ein neues, glückliches Leben beginnt. Ich schaffe alles, was ich will."

4. Abschließend erarbeitet Ute Heimpel mit Klaus ein Anti-Streß-Programm (s. folgendes Kapitel) und übt grundlegende Elemente bereits das erste Mal ein.

# 3 Streß vorbeugen und abbauen durch Übungen

Es kommt bei den Alltagsbelastungen und beim Streß wesentlich darauf an, ihn regelmäßig auszugleichen und abzubauen. Aber auch das Vorbeugen von Streß im Alltag wird immer wichtiger. Mit einer streßvermeidenden oder ausgleichenden Lebensführung sollte es möglich sein, zu einer Spannungsbalance zu gelangen.

## 3.1 Übungen zur Vermeidung von Streß

### 3.1.1 Körper, Geist und Psyche in die Balance bringen

• **Beschränken Sie sich auf das, was Ihnen wichtig erscheint.**

Fahren und arbeiten Sie nach Ihrem Tempo.
Setzen Sie Prioritäten.
Unterscheiden Sie zwischen Dingen, die Sie tun müssen, die Sie tun wollen und denjenigen, die Sie weder wollen noch müssen. Die dritte Kategorie vergessen Sie.

• **Steuern Sie mental positiv.**

Vermeiden Sie negative Selbstgespräche, Gedanken, Überreaktionen.
Immer schön cool bleiben, nicht in Wut geraten, einfacher Ärger genügt auch.
Unnötige Aufregung vermeiden.
Die eigene Einstellung entscheidet darüber, ob ein Erlebnis angenehm oder unangenehm empfunden wird.

• **Entspannen Sie, lassen Sie los, schalten Sie ab –
und zwar regelmäßig!**

Das kann mit unterschiedlichen Methoden während der Arbeit, in Pausen, aber auch in der Freizeit geschehen, z.B. durch rhythmisches Atmen (durch die Nase und mit dem Bauch), durch Schließen der Augen und durch Loslassen der Gedanken (10–15 Minuten, am besten 2 × täglich).

Ferner eignen sich auch Tiefenentspannung durch Kassetten (Mental-Training, Subliminaltechnik), Autogenes Training u.a.

## ✏ Lernen Sie, sich schnell zu entspannen

- Setzen Sie sich bequem hin. Machen Sie die Augen zu.
- Verschränken Sie die Hände hinter dem Kopf, drücken Sie die Ellbogen nach hinten, pressen Sie den Kopf gegen die Hände.
- Pressen Sie Zähne und Lippen fest aufeinander.

- Strecken Sie die Beine vor, drücken Sie die Fußspitzen nach unten. Alle Muskeln sind angespannt.
- Atmen Sie ruhig durch die Nase ein, halten Sie die Luft an und pressen Sie die Bauchmuskeln.
- Zählen Sie dabei im Geiste langsam: 21, 22, 23, 24, 25.
- Atmen Sie jetzt langsam durch den Mund aus.

- Lassen Sie alle Glieder entspannt fallen, spüren Sie dem lockeren Gefühl im ganzen Körper nach.
- Bleiben Sie einige Minuten so entspannt liegen und atmen Sie ruhig durch. Stellen Sie sich dabei vor: Sie sind zusammengesunken wie ein Autoschlauch, bei dem die Luft plötzlich entweicht.

- Dann sagen Sie sich vor und stellen Sie sich vor: Das war gut, ich fühle mich entspannt, locker und frei. Ich bin voll da und ganz ruhig.

*Es gibt nichts Gutes, außer man tut es. (Erich Kästner)*

Wenn Sie es lernen,
- sich nach Aufregungen schnell wieder zu entspannen oder wenn
- Sie es von vornherein verhindern können, sich aufzuregen,
können Sie Streß wirksam abbauen bzw. vermeiden.

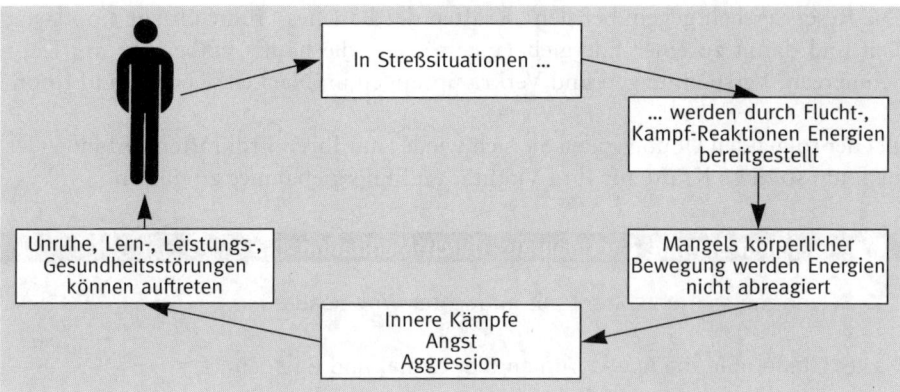

**Abb. 12** Warum Entspannung nötig ist

Ohne Atmen kein Leben, keine Energie. Sinnvolles Atmen gleicht aus, ist Bindeglied zwischen Körper und Geist, beeinflußt das psychosomatische Geschehen, tauscht verbrauchte Energie in neue aus.

### ✐ Erproben Sie, was der Atem vermag

Setzen Sie sich in gerader Haltung auf einen Stuhl und konzentrieren Sie sich auf Ihren Atem.

Schließen Sie die Augen, lenken Sie Ihre Vorstellung auf den Atem und versuchen Sie, alle anderen Gedanken auszuschalten.

Verlängern Sie die Zeit des Einatmens (durch die Nase) und des Ausatmens (durch den Mund) mehr und mehr (1, 2, 3, 4, 5, 6 Sekunden).

Schauen Sie Ihrem Atem zu bei frischer Luft.

Nach fünf Minuten durchströmt Sie eine wohltuende Ruhe.

Eventuelle Sorgen und Probleme werden kleiner, Sie erhalten neue Energie und Balance.

Vitale Körperenergien „sitzen" besonders im Bauchraum (im Solarplexus, im Hara, im Wurzelchakra). Aber gerade für uns westliche Völker ist es schwierig, sich mit den Kräften im Bauch zu arrangieren. So unterdrücken wir häufig unsere Triebe, Gefühle und unsere Sexualität.

Die Reserviertheit gegenüber den „Kräften des Bauches" führt oft zur Kopflastigkeit und damit zu einer Energiebalancestörung, die häufig einhergeht mit Kopfschmerzen, Verspannungen und Verkrampfungen im Nacken, Rücken und Kopf.

Bei der folgenden Übung sollen Sie sich wieder mit Ihren Erdkräften verbinden lernen, um so diese Kräfte für Ihre Vitalität und Energiebalance zu nutzen.

---

### Gleichen Sie Ihre Energien aus durch Meditation

1. Setzen Sie sich entspannt mit aufrechter Wirbelsäule hin.

2. Schließen Sie die Augen. Atmen Sie normal und entspannt.

3. Bilden Sie sich eine Vorstellung davon, wie in Ihrem Unterbauch allmählich ein Wärmegefühl entsteht.
   Es wird immer wärmer.
   Mit jedem Ausatmen werde ich freier und getragen vom Sein.
   Ich bin auf meinen Nabelbereich konzentriert.

4. Jetzt denke ich und stelle mir vor:
   „Meine Energie durchströmt mich harmonisch – besonders meinen Bauchraum.
   Die Energie durchdringt alle meine Zellen.
   Ich werde von der Kraft der Erde durchströmt.
   Ich bin jetzt voller Energie."
   Beim ersten Teil des jeweiligen Satzes atmen Sie ein, beim zweiten aus:
   Ich bin jetzt (einatmen) voller Energie (ausatmen).

   Wiederholen Sie die Sätze innerlich etwa fünf Minuten lang und stellen Sie sich das Gedachte anschaulich vor.

5. Jetzt spüren Sie Ihren Körper, den Kontakt zum Boden wieder.
   Lenken Sie Ihre Vorstellung in den Raum, in dem Sie sitzen.
   Öffnen Sie jetzt Ihre Augen und strecken und dehnen Sie sich langsam.

   Je besser Sie sich auf diesen Meditations-Vorgang konzentrieren können und je weniger Gedanken Sie ablenken, desto besseren Kontakt bekommen Sie zu Ihrer Energie und Ihrem Energiezentrum im Bauch.

*„Man kann überall hinkommen, man muß es nur wirklich wollen. Ich bin überall gewesen und in allen Zeiten, die ich mir vorstellen kann."*
*Sinnend blickte der Älteste über das Meer. „Seltsam. Möwen, die um ihrer begrenzten Wege und Ziele willen die Vollkommenheit des Fliegens verachten, kommen nur langsam vorwärts und nirgendwo an. Die aber um der Vollkommenheit willen des Weges nicht achten, kommen in Sekundenschnelle überall hin. Bedenke immer, Jonathan, das himmlische Paradies findet sich nicht in Raum oder Zeit, denn Raum und Zeit sind bedeutungslos. Das Paradies ist ..."*
*„Kannst du mich lehren, auch so zu fliegen?" Jonathan bebte vor Sehnsucht nach dem Unbekannten.*
*„Gewiss, wenn du es lernen möchtest."*
*„So gern. Wann können wir anfangen?" „Wenn du willst, sofort."*
*Aus: R. Bach, R. Munson, Die Möwe Jonathan.*

**3.1.2 Alpha-Entspannung durch Musik, Sprache und unterschwellige Botschaften**

Spannung und Entspannung in ausgewogenen Anteilen ermöglichen erst volle Leistungsfähigkeit und ein lebenswertes, weil weitgehend gesundes Leben.

Immer mehr Menschen suchen als Antwort auf die Belastungen unserer Zeit ein Konzept der Entspannung, des Loslassens von der Spannung.

Es gibt viele Formen der Entspannung. Eine ist die Alpha-Entspannung. Die Alpha-Entspannungsmethode leitet ihre Bezeichnung von physikalisch im menschlichen Gehirn nachweisbaren Alphawellen ab. Sie entstehen im Menschen, wenn er sich in einem Zustand zwischen Wachsein und Schlafen befindet oder wenn bei körperlicher Entspannung die Augen geschlossen sind.

Eine Entspannung durch Alphawellen kann erfolgen durch:
• Musik, d.h. Alpha-Musik:
  eine Musik, die den Alpha-Zustand einleitet, d.h. eine bestimmte Frequenz bewirkt.
  Dazu gehören Werke aus dem Barock sowie andere Musikstücke.

• Subliminal-Methode
  Subliminal heißt soviel wie „unterschwellig".
  Suggestionen sind in hohem Maß mit einem Klang- und Musikteppich verwoben.
  Sie sind so für unser Ohr nicht mehr bewußt hörbar, gehen also an unserem Bewußtsein vorbei ins Unterbewußtsein.

• Mentaltraining
ist eine bewußte Technik, die zur Tiefenentspannung führt.
Es ist der Sammelbegriff für alle geistigen Techniken, wie autogenes Training, Yoga, Imagination u.a.
Ein solches Mentaltraining kann durch Sprache, Vorstellungskraft, aber auch zusätzlich durch Musikuntermalung und Körperhaltung erreicht werden und über die innere Beruhigung und die Herbeiführung der Entspannung in die Alpha-Entspannung schließlich zur gewünschten Veränderung führen.
Eine bestimmte Musik (sowohl klassische als auch technische), die sog. „Alpha-Musik", führt in einen bestimmten Gehirnzustand, den Alpha-Zustand.

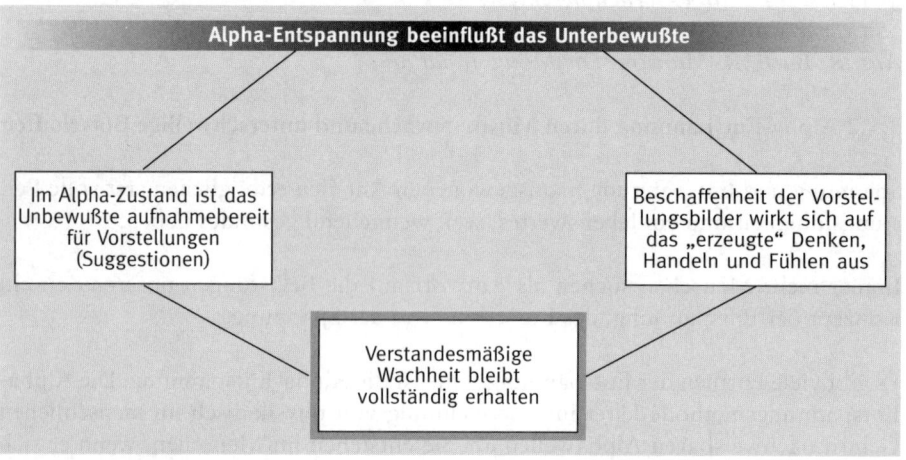

**Abb. 13** Alpha-Entspannung

Im Alpha-Zustand erholen sich sämtliche Körperfunktionen.
Es ist ein Zustand des seelischen und körperlichen Wohlbefindens.
Es ist ein idealer Zustand, um Suggestionen aufzunehmen, die Körperfunktionen und Gefühlsreaktionen beeinflussen. Dabei kann es sich um Fremdsuggestionen handeln (Werbung, Subliminal-Cassetten) oder auch um Autosuggestionen (Selbsteinreden, Vorsatzformeln).

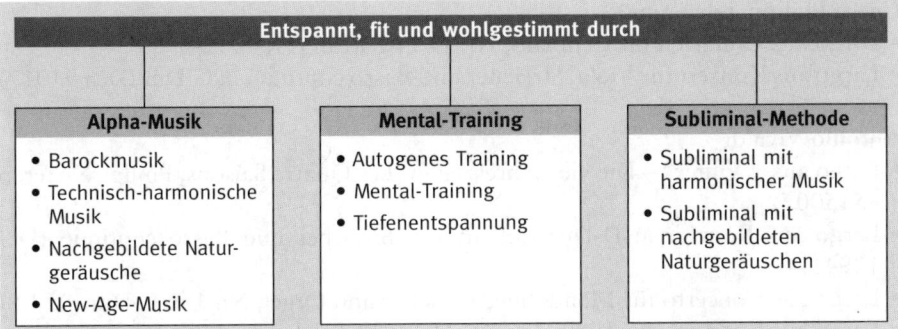

**Abb. 14** Entspannen durch Alphawellen

Hier nun die Musikliste, wie sie *Ostrander / Schröder* in ihrem Buch *„Superlearning"* angeben. Es sind immer die Teilstücke der einzelnen Musiktitel angegeben, die 60 bis 70 Takten pro Minute entsprechen. Natürlich können Sie die Liste mit eigener Musik ergänzen, die dem Viervierteltakt entspricht. Die Musikrichtung selbst (klassische, moderne oder andere) spielt keine Rolle.

**Johann Sebastian Bach**
• Largo aus dem Flötenkonzert in G-moll nach BWV (Bach-Werkeverzeichnis) 1056, Bearbeitung für Flöte; Original: Cembalo (James Galway spielt Bach, RCO RL 25119 AW)
• Aria zu den Goldberg-Variationen, BWV 988 (Cembalo) (EM IC 151-30710/11)
• Largo aus Konzert für Klavier und Streichorchester Nr. 5 in f-Moll, BWV 1056 (Drei Klavierkonzerte, ZL 30569)
• Largo aus Konzert für Cembalosolo in g-Moll, BWV 975 (nach Vivaldi) (EMI IC 065-28336)
• Largo aus Konzert für Cembalosolo Nr. 5 in G-Dur, BWV 976
• Largo aus Konzert für Cembalosolo in F-Dur (DSM 34287)

**Arcangelo Corelli**
• Alle langsamen Sätze aus Concerti grossi op. 6, Nr. 1-12 (DG 2710011 MS)

**Georg Friedrich Händel**
• Alle langsamen Sätze aus Concerti grossi op. Nr. 1-12 (EMI IC 153-99645/47 Q)
• Largo aus Konzert Nr. 3 in D-Dur (Feuerwerksmusik, EMI IC 65-99690)
• Largo aus Konzert Nr. 1 in B-Dur (Concerti grossi op. 3, Nr. 1-6m EMI IC 151-99622/23)

**Georg Philipp Telemann**
• Largo aus Fantasien für Cembalo, Nr. 17 in g-Moll (PR 70124)
• Largo aus Konzert für Viola, Streicher und Basso continuo in G-Dur (Dca 91017)

**Antonio Vivaldi**
• Largo aus „Winter" – Die vier Jahreszeiten (Les Quatre Saisons, Philips X Stereo 6515007)
• Largo aus Konzert in D-Dur für Gitarre, Streicher und Basso continuo (DG 139417)
• Largo aus Concerto für Mandoline, Streicher und Orgel, Nr. 1 in C-Dur PV 134
• Largo aus Concerto für Viola d-amore, Laute, Streicher und Basso continuo in d-Moll PV 266
  (Sämtliche Konzerte für Laute, Gitarre und Mandoline, DG 2530211)
• Largo aus Konzert für Flöte, Streicher und Basso continuo in C-Dur PV 79
  (DG 2535200)

**New Age Motivationscassetten: Entspannt und unbeschwert**
Die New-Age-Motivationscassetten zeigen Wege zu innerer Ausgeglichenheit und zum positiven Denken. In den USA sind „Subliminals" als Lebenshilfe weit verbreitet.

Die Subliminalmethode öffnet der Verwirklichung eines harmonischen Lebens und positiven Denkens neue Möglichkeiten: Auf dem Weg der unterschwelligen Wahrnehmung fließen motivationsfördernde, persönlichkeitsstärkende Formeln und Texte in das Unterbewußtsein. Eng verwoben mit entspannender Musik und Naturgeräuschen sind sie als Suggestionen nur für das Unterbewußtsein wahrzunehmen.

Hören Sie die New-Age-Cassette einfach nebenbei, beim Autofahren oder bei der Hausarbeit, im Büro oder während des Studiums.

**3.1.3 Durch den Lebensstil Streß kompensieren**

**1. Bewegen Sie sich regelmäßig!**

Trainieren Sie Ihren Körper regelmäßig, mindestens dreimal in der Woche, durch Laufen, Gymnastik, Ergometer, Radfahren, Schwimmen.

## 2. Pausen sind notwendig!

Wir brauchen alle regelmäßige Verschnaufpausen, Lustpausen, Wochenendabschaltpausen, Urlaub.
Damit beugen Sie Erschöpfungszuständen vor.

## 3. Es kommt auch auf das Eßverhalten an!

Bemühen Sie sich um Normalgewicht.
Ernähren Sie sich möglichst vollwertig. Wenig Fett, Salz und Zucker, mehr Getreide und Brot.
Frühstücken Sie ordentlich, z.B. mit Musli.
Heilfasten entlastet, entschlackt und bringt neue Nervenkraft durch Tiefenentspannung.

## Anti-Streß-Mineralien

Um mit Streß fertig zu werden, braucht der Körper vor allem vier Mineralien:

| Mineral: | Funktion: | enthalten in: |
|---|---|---|
| Kalzium | • wichtig für Muskelkontraktion<br>• regelmäßigen Herzschlag<br>• Reizübertragung<br>• Stoffwechsel von A, C, D<br>• Mangelsymptome: Herzklopfen, Erschöpfung, Nervosität, Depression | Magerjoghurt<br>Magermilch<br>Feigen<br>Spinat<br>Brokkoli<br>Hüttenkäse |
| Kalium | • Antisäuremineral<br>• sorgt für gleichmäßigen Herzschlag<br>• Mangelsymptome: Schlaflosigkeit, Muskelschwäche, Nervosität, Erschöpfung, niedriger Blutzuckerspiegel, erschwerte Reflexe, Bluthochdruck | getrockneten Aprikosen<br>getrockneten Feigen<br>Datteln<br>Rosinen<br>Avocado<br>Banane<br>Kartoffel (mit Schale)<br>Joghurt |
| Magnesium | • Beruhigungsmineral<br>• wichtig für Nervensystem<br>• sorgt für gesundes Herz und<br>• dafür, daß Kalium und Kalzium nicht zu stark ausgeschieden werden<br>• reguliert Blutzuckerspiegel<br>• fördert Stoffwechsel | Brauner Reis<br>Haferflocken<br>Mangold<br>Grünkohl<br>Avocado<br>Pellkartoffel<br>Brokkoli<br>Karotten |
| Zink | • wichtig zur Herstellung von Insulin und des Kohlehydrat-Energiestoffwechsels<br>• für regelmäßigen Herzschlag, Muskelaktivität<br>• Mangelsymptome: Erschöpfung | Weizenkeime<br>Kichererbsen (ungekocht)<br>Linsen<br>Vollweizenmehl<br>Magerjoghurt |

## Exkurs: Magnesium als Anti-Streß-Mineral

Magnesium ist ein lebenswichtiger Mineralstoff, der nicht nur für das körperliche Wohlbefinden von Bedeutung ist. Ungefähr 300 körpereigene Enzyme brauchen dieses Mineral als Aktivator und Bestandteil, besonders im Kohlenhydrat- und Proteinstoffwechsel.

Magnesiummangel kann zu Herzjagen, Herzrhythmusstörungen, Herzinfarkt, Nervenreizbarkeit führen.

Magnesium stärkt Nerven- und Muskelzellen, die Energiezufuhr am Herzen und die Sauerstoffversorgung.

Viele Menschen leiden bei einem kommenden Tief oder Föhn unter Schlaf- und Kreislaufstörungen, Augenflimmern oder Herzstichen. Auch das hängt häufig mit Magnesiummangel zusammen. Ebenso Muskelkrämpfe, die einen nachts im Bett überfallen.

Die Magnesiumresorption wird
• gehemmt durch hohe Aufnahme an Calcium, Phosphor, Fett, Protein und Alkohol sowie einem Mangel an Vitamin B1 und B6.
• gesteigert durch Vitamin D und das Hormon der Nebenschilddrüse.

Der genaue Bedarf an Magnesium ist unbekannt. Die Deutsche Gesellschaft für Ernährung empfiehlt für Jugendliche und Erwachsene eine Zufuhr von 300 bis 400 mg Magnesium pro Tag. Abhilfe kann eine vollwertige ausgewogene Ernährung schaffen. Besonders reich an Magnesium sind Vollkornbrot, Sojabohnen, unpolierter Reis, Gemüse (grüne Erbsen, Kohlrabi, u.a.), Obst (Bananen, Papaya u.a.). Bei großen Belastungen ist auch zusätzlich eine Zufuhr von Magnesiumtabletten sinnvoll.

**4. Vermeiden Sie Aufputschmittel!**

Nikotin, Alkohol, Koffein, Medikamente sollten Sie möglichst meiden.

**5. Führen Sie ein ausgeglichenes, harmonisches Leben!**

Sorgen Sie für emotionale und geistige Ausgeglichenheit und Balance, für private und berufliche Harmonie, für die richtige Lebenseinstellung, z.B. „Ich bin o.k. – Du bist o.k.".
Vermeiden Sie möglichst Konflikte, ohne Probleme unter den Tisch zu kehren.
Im allgemeinen entsteht übermäßiger Streß aus dem Mißverhältnis zwischen den eigenen Erwartungen und der Realität im Umfeld.
Suchen Sie das Gleichgewicht, den Ausgleich, indem Sie eines von beiden ändern.

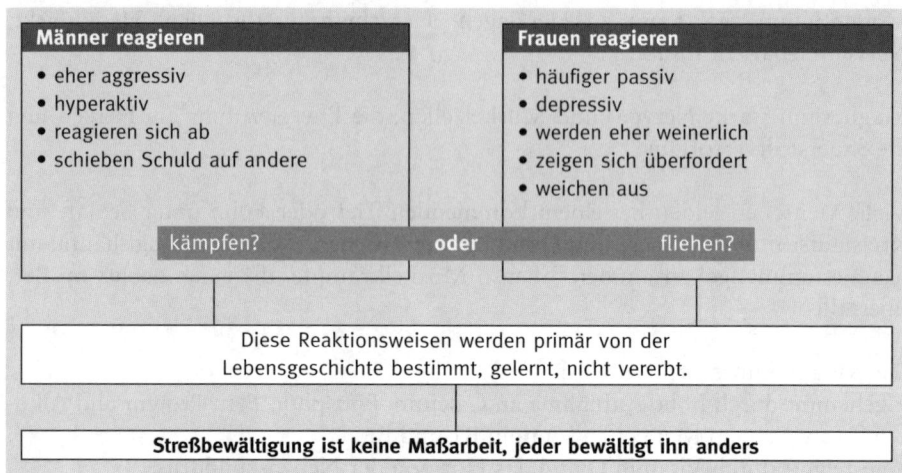

**Abb. 15** Unterschiedlicher Umgang mit Streß bei Frauen und Männern

## Die Ego-Überforderungs-Schwelle

Wägen Sie bei jeder Belastung, störenden Situationen und Herausforderung das persönliche Risiko, das Streß-Ausmaß ab. Prüfen Sie, ob die Ego-Überforderungsschwelle erreicht ist.

1. Wenn die geforderte Aufgabe bzw. Belastung Ihre Fähigkeiten bzw. Grenzen überschreitet, sagen Sie dies.

2. Melden Sie bei Überforderung sofort Bedenken an, solange der Streß Ihnen noch nicht den „kühlen Kopf" genommen hat.

3. Bleiben Sie sich immer selbst treu.
   Handlungen gegen das Ich erzeugen „Seelenstreß", Selbsthaß oder gar Aufgabe der eigenen Persönlichkeit!
   So viele Kompromisse, Anpassung, sich zurückhalten bzw. zurücknehmen wie verträglich.

4. Haushalten Sie mit Ihren Energien. Tanken Sie ständig und rechtzeitig neu auf.

## 3.2 Übungen zur Streßbekämpfung

Je besser es gelingt, Entspannung und Ausgleich in den Alltag, in Freizeit, Beruf und private Aktivitäten einzubauen, je besser läßt sich der Streß in den Griff bekommen und vermeiden.

### 3.2.1 Streßausgleich im Alltag

## Während des Tages

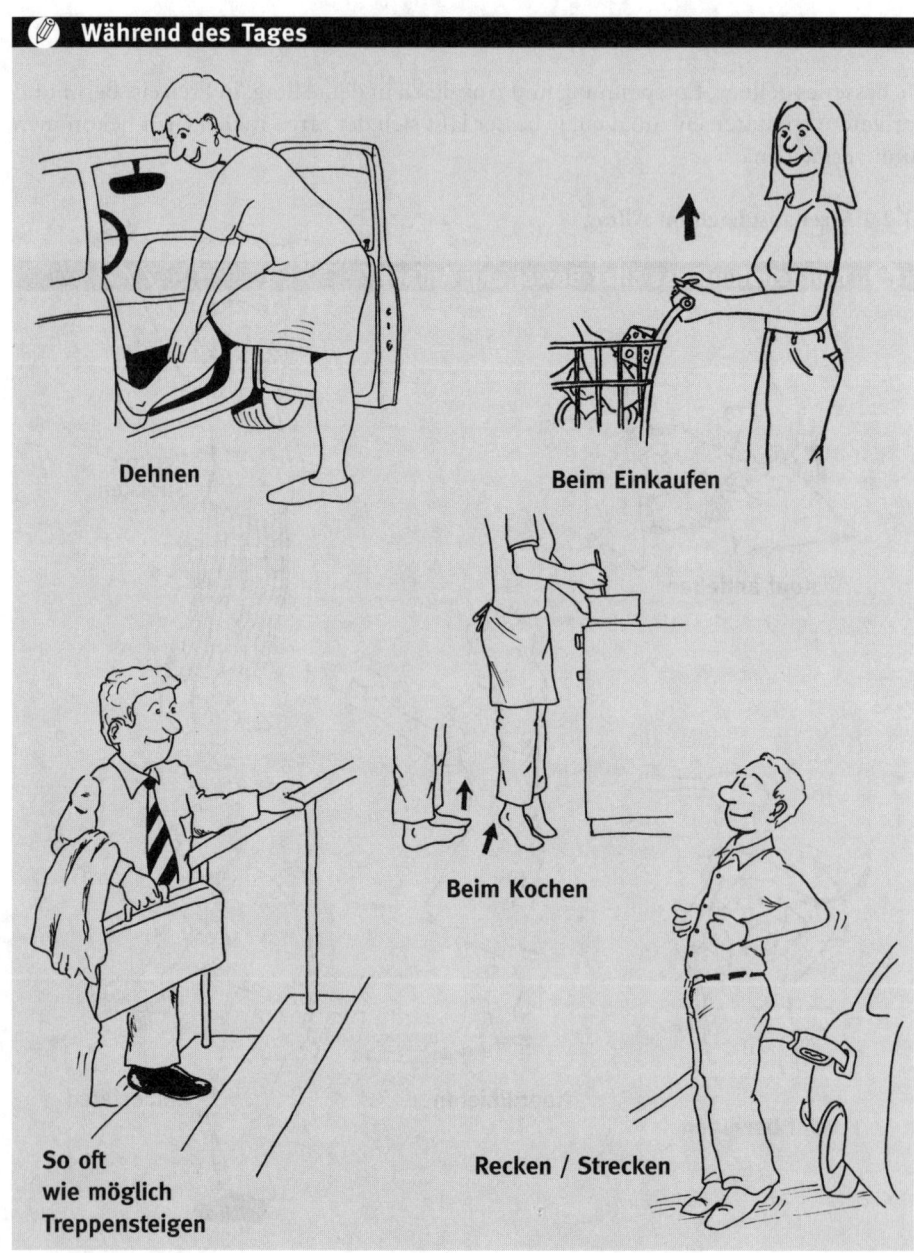

Dehnen

Beim Einkaufen

Beim Kochen

So oft
wie möglich
Treppensteigen

Recken / Strecken

Muskuläres Training gegen Streß und Verspannung

## ✏ Verspannungen in Kopf und Nacken lösen („Quasimodo")

*Atmen, Atmen, Atmen*

**1. Phase: Anspannung**
- Setzen Sie sich kerzengerade hin.
- Entspannen Sie Ihre Armmuskulatur.
- Schließen Sie die Augen.
- Atmen Sie ruhig und regelmäßig.
- Ziehen Sie die Schultern hoch, als ob Sie damit Ihre Ohrläppchen berühren wollten.
- Drücken Sie den Kopf zurück, ohne das Gesicht gegen die Decke zu richten.
- Spüren Sie das Polster, das durch die Haltung in Ihrem Nacken entsteht?
- Drücken Sie Hinterkopf und „Nackenrolle" zusammen.
- Atmen Sie dabei tief durch.

**2. Phase: Entspannung**
- Lassen Sie den Kopf weit nach vorne fallen. Ihr Kinn sollte die Brust berühren.
- Lassen Sie die Augen geschlossen und atmen Sie ruhig weiter.
- Legen Sie das rechte Ohr auf die rechte Schulter, ohne das Kinn von der Brust zu nehmen.
- Legen Sie dann das linke Ohr auf die linke Schulter.

Dabei spannen sich die Sehnen, die vom Ohr zur Schulter gehen.

## ✐ Verspannungen in Brust und Rücken lösen („Panzer")

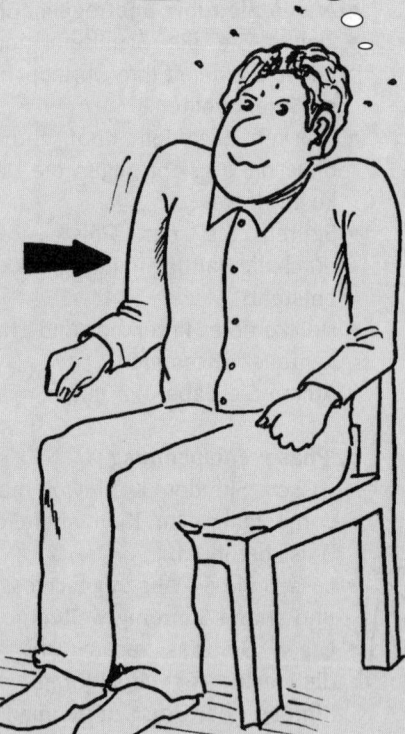

**1. Phase: Anspannung**
- Setzen Sie sich kerzengerade hin, schließen Sie die Augen, atmen Sie ruhig und regelmäßig.
- Stellen Sie sich vor, Sie müßten mit der rechten Achselhöhle einen Gegenstand festklemmen. Spannen Sie die Muskeln entsprechend an.
- Spannen Sie jetzt beide Seiten so. Nun haben Sie das Gefühl, als ob Sie in einem Panzer stecken. Damit ist nur Zwerchfellatmung möglich.

**2. Phase: Entspannung**
- Lassen Sie die Spannung los.
- Lassen Sie Schultern und Kopf locker nach vorne fallen.
- Atmen Sie ruhig und regelmäßig und genießen Sie die Entspannung für einige Augenblicke.

Gelingt es Ihnen, richtig zu atmen, spüren Sie die Aktivierung des Kreislaufsystems.

## ✎ Schultern- und Rückenmuskulatur lösen ("Siegfried")

### 1. Phase: Anspannung
- Setzen Sie sich kerzengerade hin.
- Winkeln Sie die Arme an und atmen Sie durch.
- Nehmen Sie die Schultern so weit zurück, als wollten Sie einen kleinen Gegenstand zwischen Ihren Schulterblättern festklemmen.
- Spannen Sie die Muskulatur kräftig an, bis Sie das Gefühl haben, die Schulterblätter berühren sich gleich. – Atmen Sie weiter.
- Legen Sie den Kopf dabei leicht nach hinten.

### 2. Phase: Entspannung
- Lassen Sie die Spannung los.
- Lassen Sie Schultern und Kopf locker nach vorne fallen.
- Atmen Sie ruhig und regelmäßig.
- Genießen Sie die Entspannung einige Augenblicke.

---

### 🖉 Der tägliche Minuten-Urlaub

- **Ohrenschmaus:**
  Gönnen Sie sich ein paar Takte Ihrer Lieblingsmusik.

- **Gaumenfreude:**
  Essen Sie bewußt eine leckere Kleinigkeit.

- **Selbstmassage:**
  Lassen Sie Ihren Körper ein paar Streicheleinheiten zukommen.

- **Augenweide:**
  Schauen Sie ein paar Minuten aus dem Fenster.

- **Innehalten:**
  Gehen Sie in die Natur, suchen Sie sich einen schönen Fleck und kommen Sie dort zur Ruhe.

## 3.2.2 Kurzentspannung am Arbeitsplatz

Die Fähigkeit, sich zu entspannen, wird heute eine immer wichtigere Voraussetzung für Leistungsfähigkeit und Gesundheit.

In Ruhe und Gelassenheit liegen die Kräfte, die wir für einen aufreibenden Alltag brauchen.

Als nervöser, unausgeglichener Mensch gehe ich anderen auf die Nerven. Im Gegensatz dazu kann ich mit Ruhe und Gelassenheit alle Aufgaben und Probleme souverän, wirkungsvoll und unbelastet angehen.

Deshalb ist regelmäßige Alltags-Entspannung notwendig.

### 🖉 Kurz-Entspannungsübungen (1–5 Minuten)

**1. Betrachten einer leeren Fläche**
Lassen Sie Ihre Gedanken los und schauen Sie auf die folgende leere Fläche:

Sie können sich dabei zusätzlich in ein angenehmes, entspannendes, wohltuendes Bild versenken, z.B. in eine wunderschöne, grüne Wiese mit gelben Frühlingsblumen, mit einem Bächlein, welches bei herrlichem Sonnenschein dahinplätschert.

## 2. Kurze Ruhigstellung und Sammlung
Überall, wo ich bin, auch am Arbeitsplatz, kann ich folgende Entspannungsübung als Pause durchführen:

- Gemütlich, entspannt und aufrecht hinsetzen, Hände auf den Schoß und den Kopf entspannt hängen lassen.
- Kräftig Arme und Beine anspannen, strecken und dann wieder entspannen, loslassen.
- Augen schließen.
- Ruhig und tief durch die Nase ausatmen, dann einatmen und kurz den Atem anhalten.
- An nichts denken. Gedanken nicht beachten, kommen und gehen lassen. Ich bin ganz ruhig und entspannt. Alle Gedanken fließen, aller Ärger verschwindet.
- Nach einer kurzen Ruhigstellung bzw. Sammlung meiner Kräfte (1–5 Minuten) komme ich wieder in die Realität zurück, indem ich kräftig durchatme, mich strecke und die Augen öffne.

### ✏ Musik-Entspannung (10–15 Minuten)

Wer die Möglichkeit besitzt, kann sich durch Musik am Arbeitsplatz, zu Hause oder sonstwo entspannen. Es gibt dabei folgende Möglichkeiten:

- Entspannende Musik (Alpha-Musik) in der Pause oder während der Arbeit laufen lassen (z.B. Barockmusik).
- Mentalprogramme in einer Pause abspielen, sich entspannt hinsetzen und der Musik und den Suggestionen konzentriert zuhören.
- Subliminal-Entspannung
  Sie hören nur die Musik. Die Suggestionen sind für das Bewußtsein unhörbar einmoduliert. Sie wirken auf unser Unterbewußtsein.
  Eine solche Cassette kann auch während der Arbeit angespielt werden, falls Sie die Musik nicht stört.

Nicht nur die Arbeit, sondern auch Erholung, Entspannung und Urlaub sollten geplant sein, um Anspannung und Entspannung in Balance zu halten. Wir sollten nicht nur Termine für das Haben und die Leistung machen, sondern auch für das Sein und die Besinnung, und zwar während des ganzen Jahres.

Deshalb soll im folgenden das Konzept für ein Gesamtentspannungs- und Anti-Streß-Programm dargestellt werden, welches Sie individuell entwickeln sollten. Das Schema auf der gegenüberliegenden Seite sollte also noch von Ihnen ergänzt werden.

### Überlaß es der Zeit

*Erscheint Dir etwas unerhört,*
*bist du tiefsten Herzens empört,*
*bäume nicht auf, versuch's nicht mit Streit,*
*berühr es nicht, überlaß es der Zeit.*
*Am ersten Tag wirst Du feige dich schelten,*
*am zweiten läßt Du Dein Schweigen schon gelten,*
*am dritten hast Du's überwunden,*
*alles ist wichtig nur auf Stunden,*
*Ärger ist Zehrer und Lebensvergifter,*
*Zeit ist Balsam und Friedensstifter.*
THEODOR FONTANE

### 3.2.3 Die innere Balance finden

Uns hetzen Streß, Lärm und Bilderfluten. Deshalb ist es wichtig für Ausgleich und innere Balance zu sorgen. Das kann z.B. durch Konzentration und Versenkung geschehen.

Das „Leerwerden" von hektischen Gedanken und Bildern wird leichter, wenn wir uns auf ein Körperteil, ein Symbol oder auf bestimmte Fingerhaltungen (Mudras) fixieren.

Für eine solche ganzheitliche Entspannung und Streß-Prävention eignen sich vor allem Qigong, Taiji und Yoga.

### Qigong und Taiji

Diese Techniken stammen aus dem alten China. Mit langsamen Körperübungen versucht man die Kontrolle über den inneren Fluß seiner Lebensenergie (Chi) zu erlangen. Konzentrationsübungen erzeugen innere Ruhe und tragen so dazu bei, Streß, Ärger und Melancholie abzubauen.

| Zeitspanne | Vorschläge für Entspannungsmöglichkeiten | Mein vorgese-henes Programm |
|---|---|---|
| Stündlich | • Kurze Pause mit Strecken, Dehnen, Aufstehen, Durchatmen (2–10 Min.)<br>• Mentale Entspannung, „Tagträumen" Visualisieren von positiven Entspannungs-Situationen ($1/2$–1 Min.)<br>• Leichtes Massieren der Schläfen, der Nackenmuskulatur fördert die Durchblutung und Gelassenheit ($1/2$–1 Min.)<br>• 1 Tasse Melissentee als sanfter „Phyto-Tranquilizer" beruhigt (1–2 mal/Tag) | |
| Täglich | • Bewegung in frischer Luft<br>• Gymnastik, Sport (Radfahren, Tennis, Joggen)<br>• Yoga, Autogenes Training<br>• Musik-Entspannung<br>• Ausreichend Schlaf (bei Einschlafproblemen helfen z.B. Tees von Hibiscus, Brombeerblättern, Melisse, Hopfenblüten)<br>• Kneipp'sche Anwendungen<br>• Beruhigungsbad<br>• Ein gutes Buch lesen | |
| Wochenende / freier Tag / einmal wöchentlich | • Sauna, Solarium<br>• Sich verwöhnen lassen (mit Kosmetik, Massage, Gesichtspackung u.a.)<br>• Sport, Hobbyarbeiten, Wandern<br>• Theater-, Konzertbesuch, Tanzen<br>• Genügend Zeit und Ruhe (siehe auch tägliches Entspannungsprogramm) | |
| Kurzurlaub: 1 Tag bis 2 Wochen | • Kurze Radtour, Ski-Fahren, Wandern<br>• Kurze Erholungsreise (kein Ferntourismus oder lange Autofahrt)<br>• Entspannung- und Anti-Streß-Kurs, Weiterbildungs-seminar besuchen (siehe auch tägliches und Wochen-endprogramm mit viel Schlaf, damit die Seele baumeln kann) | |
| Jahresurlaub | • Körperlich: Aktiv-Urlaub wie Skifahren, Wandern Gesundheitsurlaub, Radtour, Schwimmen<br>• Seelisch-geistig: Tapetenwechsel, z.B. durch andere Umgebung, andere Kultur, Menschen, Länder, neue Kontakte, Bildungsurlaub<br>• Neue Entwicklungsschritte wagen, persönliche Weiterentwicklung, z.B. Kochkurs im Hotel, Instrument lernen, Seminar zur Persönlichkeits-entfaltung besuchen. | |

Die Energie wird mit der geistigen Kraft (z.B. Konzentration) im Körper gelenkt. Taiji wirkt mit seinen Übungen beruhigend auf das Nervensystem, fördert die Blutzirkulation und setzt dabei Energien frei.

Qi hat etwas mit Energie zu tun. Gong bedeutet feste Übungsregeln, um Qi aufzunehmen. Qi Gong heißt, mit einer bestimmten Methode in einer bestimmten Zeit Qi aufnehmen, um sich gesund zu erhalten.

### ✐ Qi-Gong-Energie-Übung

Vor jeder Qi-Gong-Übung sollte man sich einige Minuten Ruhe gönnen.

**1. Wecke das Qi**

Grundstellung:
Stellen Sie sich entspannt hin.
Während der Übung lassen Sie den Atem im eigenen Rhythmus strömen.
Bewegen Sie sich langsam und locker.

- Wenn Sie ruhig sind, machen Sie mit einem Fuß einen Schritt nach links oder rechts (der Abstand der Füße sollte eine Fußlänge betragen) und heben Sie langsam die Hände bis in Schulterhöhe.
  Die Hände hängen etwas herunter (ganz locker, nicht verkrampft). Stellen Sie sich unter den Achseln eine Tomate vor.
- Gehen Sie aus dem Hohlkreuz und setzen Sie sich ganz leicht in die Hocke (auf einen imaginären Stuhl oder Hocker). Man nennt das auch „sich in die Wolken setzen".
  Hierbei sollte der Rumpf und die Kopfhaltung aufrecht sein.
  Die Füße müssen einen guten Kontakt mit der Erde haben.

- Wenn Sie so in der Grundstellung sind, drücken Sie die Arme langsam nach unten (stellen Sie sich einen großen Luftballon vor, den Sie nach unten drücken).
  Die Hände treffen sich vor dem Bauch zwischen Nabel und Beckenboden, berühren sich aber nicht.

- Jetzt heben Sie langsam die Arme bis in die Schulterhöhe (Hände hängen nebeneinander wie bei einer Marionette nach unten) und gehen auch mit dem Rumpf nach oben. Beim Abwärtsschieben wieder „in die Wolken setzen".

Etwa 7 mal wiederholen, anschließend das Qi einige Sekunden halten, indem Sie beide Hände übereinander auf den Bauch (unterhalb des Nabels) legen und einige Sekunden ruhig atmend verweilen.

## 2. Halten des Qi

Nach der Übung „Wecken des Qi" können Sie das Qi halten, indem Sie die Arme wie um einen riesigen Luftballon breiten und mit den Fingerspitzen fast aneinanderstoßen. Das geht in Kopf-, Schulter- oder Bauchhöhe, auch dazwischen. Sie bleiben in einer dieser Stellungen ruhig stehen und atmen langsam Ihren Rhythmus ein und aus.

Sie können das einige Sekunden machen, aber auch einige Minuten, oder ausprobieren, wie lange Sie es aushalten.
Beendet wird die Übung wieder mit den Händen auf dem Bauch.

## 3. Sonne und Mond stützen

Spüren Sie bei der Übung den Bewegungen in den Schultern und vor allem in der Lendenwirbelsäule nach, entspannen Sie die Schultern.

* Stand: Füße nebeneinander.
  Atmen Sie ruhig und nach eigenem Rhythmus.
  Drehen Sie den Rumpf nach links, dabei breiten Sie die Arme bis in Schulterhöhe aus.
  Dann drehen Sie die Handfläche nach oben.
  Wenden Sie jetzt ganz langsam den Rumpf wieder nach vorne, dabei beugen Sie die Unterarme, die Handflächen zeigen nach oben.
  Drehen Sie nun die Fingerspitzen so, daß sie nach hinten zeigen.
  Danach lassen Sie die Hände langsam nach unten sinken (die Handflächen werden nach vorne gekippt) und atmen aus.

Anschließend wiederholen Sie die Übung nach rechts, anschließend noch je einmal nach links und rechts.

## Yoga

Yoga ist mehr als ein Gymnastikprogramm, nämlich eine ganzheitliche Methode, die Körper, Geist und Seele anspricht. „Das jahrtausendealte System des Yoga ist gerade für den modernen, streßgeplagten Menschen ein effektiver Weg zu mehr Gelassenheit, Lebensfeude und Leistungsfähigkeit" *(Anna Röcker, Übungseinheiten Yoga)*.

Yoga bringt den Gegenpol der Ruhe für die gestreßten Menschen, den Ausgleich, um Belastungen abzubauen.

Yoga mindert aber nicht nur die körperlichen Faktoren des Stresses, sondern auch die psychomentalen.

Das folgende Kurz-Programm kann uns, wenn wir es regelmäßig üben, in wenigen Minuten frisch machen und vor Streß schützen. Dieses Kurz-Programm ist jedoch nur ein kleiner Teil des Yoga *(Fernsehen DRS [Hrsg.], Lotos, Einführung und Anleitung zum Yoga)*.

### Yoga-Kurzprogramm

1. Knien Sie sich hin. Die Stirn berührt den Boden, die Arme liegen am Körper.
Drehen Sie den Kopf nach rechts und nach links. Stirn, Nase und Kinn berühren den Boden.

2. Dehnen Sie sich von den Hüften bis in die Fingerspitzen (Katzenbuckel).

3. Machen Sie während Sie einatmen den Rücken hohl, runden Sie ihn während Sie ausatmen – wie eine Katze.

4. Strecken Sie gleichzeitig den rechten Arm und das linke Bein aus. Wiederholen Sie dasselbe mit der anderen Diagonale.

**Vergessen Sie nicht zu atmen!**

5. Heben Sie den linken Arm und das rechte Bein. Ergreifen Sie mit der linken Hand den rechten Fuß. Öffnen Sie die linke Schulter weit, befreien Sie das linke Schlüsselbein.
Wiederholen Sie dasselbe in der anderen Diagonale.

6. Richten Sie die Wirbelsäule langsam auf, bis Sie senkrecht stehen.
Stellen Sie sich mit gespreizten Beinen hin.
Heben Sie während Sie einatmen die Arme seitwärts in die Waagrechte.

7. Führen Sie während Sie ausatmen den rechten Arm zum linken Bein.
Strecken Sie den linken Arm nach oben und bleiben Sie während zweier Vollatmungen in dieser Stellung.
Kehren Sie in die senkrechte Haltung zurück.
Wiederholen Sie dasselbe auf der anderen Seite.

*Jeder hat die Wahl*

*„Es gibt also zunächst zwei Möglichkeiten für den Körper, mit Streß und seinen Begleiterscheinungen fertig zu werden:*
• *Der natürliche Weg, Streßhormone abzubauen, ist die Bewegung.*
• *Wenn das nicht geschieht, muß ich dem Körper eine Pause gönnen, in der er alle anderen Funktionen zurückstellt und sich ganz auf diese Aufgabe konzentriert.*
*Wer trotzdem weitermacht wie bisher, läßt seinem Körper vielleicht nur die Wahl, sich Aufmerksamkeit und Erholung über eine Krankheit zu verschaffen".*
*(aus: Isa Grüber, Praxishandbuch Kinesiologie)*

### 3.3 Gut drauf, bester Laune und glücklich trotz widriger Umstände

### 3.3.1 Ist „gut drauf sein" machbar?

In guter Stimmung, glücklich und ausgeglichen sein, war schon immer ein Ziel der Menschen. Besonders in der heutigen Zeit breitet sich bei vielen aber eher eine depressive Grundstimmung aus. Viele Menschen sind nervös und erschöpft. Das hat sicher viele Ursachen. Doch unsere Stimmungen, unser Fühlen und unsere Gefühle werden besonders von Botenstoffen im Gehirn getragen und geleitet. Solche Botenstoffe (Aminosäuren) werden z.T. vom Körper selber hergestellt, aber auch über die Nahrung zugeführt: Für eine harmonische Gefühlslage, für Glücksgefühle ist vor allem die Balance zwischen aktivierenden und beruhigenden Botenstoffen wichtig. Wir können uns also durch eine „glücksbringende" Ernährung in Stimmung bringen. Wenn wir uns gesund und zielgerichtet ernähren, können die Vitalstoffe (z.B. Botenstoffe, Vitamine, Kohlenhydrate, Eiweisse) in unserem Gehirn und Körper eine anregende Stimmung auslösen und Erschöpfungen vermeiden.

### Ursachen für Stimmungsschwankungen

Wohlbefinden und ein Glücksgefühl werden durch eine Vielzahl von Faktoren beeinflußt. Es gibt Gemütszustände, wie schwere Depressionen, die überhaupt nicht bzw. nur flankierend von Ernährung beeinflußt werden. Hier können vielfältige Ursachen vorliegen, die nur Ärzte und Heilpraktiker klären und behandeln können. Es gibt aber bei gesunden Menschen im Alltag wechselnde Gefühls- und Stimmungslagen, die durch Ernährung beeinflußt oder gar reguliert werden können. Ernährung stellt dabei in der Regel nur einen Faktor dar. Liebeskummer z.B., oder Trauer um den Tod eines geliebten Menschen, Lebenskrisen lösen Stimmungsschwankungen aus.

Eine vitalstoff- und energiereiche Ernährung hilft uns aber, die großen und kleinen Krisen besser zu überstehen und ausgeglichener, glücklicher und zufriedener zu werden. In der Regel gilt: Wer im Kopf und im Körper fit ist, ist auch gut gelaunt, denn bekanntlich wohnt in einem gesunden Körper auch ein gesunder Geist.

*Vergiß nicht – man benötigt nur wenig, um ein glückliches Leben zu führen.*
MARC AUREL, PHILOSOPH

**Die verschiedenen Arten von Glücks- und Stimmungs-Killern**

Glücklich sein bedeutet nicht erfolgreich, reich, bekannt zu sein, auch nicht, Abwesenheit von Gesundheitsstörungen, Krankheit und Schmerzen.
Glücklich und ausgeglichen, gut drauf zu sein, ist im besonderen von der mentalen Verfassung abhängig. Eine solche Gemüts- und Stimmungslage bildet sich im Kopf, in Verbindung mit Körper und Seele.

Eine Glücks- und ausgeglichene Stimmungslage hängt nicht vom Lebensalter, aber von unserer Zivilisation ab. Die täglichen Horrormeldungen in Medien und Fernsehen, das Schüren der Angst durch Massenpresse und Politik, die tägliche Reizüberflutung, die Sorgen um die Zukunft, die Fast-Food-Nahrung, die eigenen Lebensprobleme bzw. Krisen, Angst vor Arbeitsplatzverlust, aber auch Mobbing und eine Vielzahl von Konflikten verderben uns die Stimmung, verhindern, daß wir glücklich sind.
Körper, Geist und Seele bestimmen unsere Stimmungslage und unser Glücklichsein. Körperliche Schmerzen veranlassen zum Jammern und machen unglücklich, die Seele leidet mit. Störungen im Denken wie Grübeleien, Neid, Wut machen eine schlechte Stimmung und unglücklich. Körper und Seele geraten aus der Balance.
Aber auch durch zu vieles und falsches Essen kann die Stimmung in den Keller gehen. Wenn wir z.B. zu viel und zu schwer verdaulich gegessen haben, leidet der Körper an Überlastung und letztlich Erschöpfung.
Glücklich und ausgeglichen sein, happy und gut drauf sein hängt auch von den verschiedenen Lebensumständen und der persönlichen Situation ab.

• Bin ich ein Mensch, der in einer Lebenskrise zu depressiven Verstimmungen neigt?
• Bin ich ein Mensch, der sich leicht überfordert, in Streß gerät bzw. noch kein Konzept dagegen gefunden hat?
• Bin ich ein Mensch, der keine Widerstandskraft hat, keine Vitalität, keinen festen Standpunkt, kein geistiges Fundament, wie den Glauben an sich, oder dessen Immunsystem geschwächt z.B. von Pilzen befallen ist?

- Habe ich zu niedrigen Blutdruck mit morgendlichen Anlaufproblemen, keine Energie, um mich immer wieder in die Balance zu bringen?
- Besitze ich Hormonstörungen, z.B. eine Schilddrüsenunterfunktion oder Hormonstörungen in den Wechseljahren, die Stimmungstiefs erzeugen?
- Auch Leber- und damit Stoffwechselschwäche können zu Stimmungsschwankungen führen. („Mir ist eine Laus über die Leber gelaufen.")
- Habe ich ein körperliches Erschöpfungssyndrom (z.B. eine Allergie, eine chronische Erkrankung wie Diabetes oder gar das Chronische Müdigkeits-Syndrom [CFS])?

Trotz Wohlstand sind immer mehr Menschen Erschöfungszuständen und Stimmungsschwankungen aufgrund von Mangelernährung ausgesetzt.

Das Fast-Food-Zeitalter und die chemisch bzw. genmanipulierte Nahrung sowie die industriellen Produktions- bzw. Zubereitungsmethoden der Nahrung führen zu dieser Mangelernährung.

Das gleiche gilt für das Verkochen und lange Warmhalten der Speisen (z.B. Kantinenessen) oder die Mikrowellenkost. Oder auch: *„Die fast ausschließliche Verwendung von Weißmehl sorgt dafür, daß wir 90 Prozent weniger Vitamine aufnehmen als im Vollkornbrot enthalten ist."* *(Vinzenz Mansmann, Total erschöpft)*

Es mangelt in unserer Nahrung an wichtigen Mineralstoffen, an hochwertigen (komplexen) Kohlenhydraten, an ungesättigten Fetten und wertvollen Proteinen (Eiweiß).

**Auf der Suche nach Glück**

Jeder Mensch möchte gerne glücklich sein. Doch die wenigsten sind es. Der Psychologe Mihalyi Csikszentmihalyi kam nach weltweiten Studien zu dem Schluß *(Flow, Das Geheimnis des Glücks):* *„Von Grund auf glückliche Menschen gibt es nur sehr wenige, obwohl die meisten es wollen."*

*„Wir alle wollen glücklich sein, und wir alle werden sterben ... Man könnte sagen, daß dies die einzigen beiden unbestreitbaren Wahrheiten sind, die auf jeden Menschen auf diesem Planeten zutreffen."*    WILLIAM BOYD, SCHRIFTSTELLER

*„Glück ist ein Zustand, den jeder für sich vorbereiten, pflegen und verteidigen muß."*    MIHALYI CSIKSZENTMIHALYI

### 3.3.2 Wege zu Glück und Ausgeglichenheit

Es gibt für gesunde Menschen eine Reihe von Maßnahmen, um glücklicher, ausgewogener und gut drauf zu sein. *Siimon Reynolds (Gut drauf in 8 Minuten)* nennt u.a. folgende Wege:

**1. Thymusdrüse aktivieren**
Wissenschaftliche Untersuchungen beweisen, daß die Stimulation der Thymusdrüse zu besserer Stimmung und gesteigertem Glücksgefühl führt.
Drüsen sondern im Körper Flüssigkeiten ab (endokrine Drüsen). Durch die Aktivierung der Thymusdrüse steigert sich die Mischung der chemischen Stoffe, die das Nervensystem beruhigt und die Gehirntätigkeit steigert.

Die Thymusdrüse ist erst relativ spät erforscht worden. Noch 1960 war ihre Funktion gänzlich unbekannt. Der entscheidende Durchbruch gelang in Amerika *John Diamond (Der Körper lügt nicht)*. Er wies nach, daß die Thymusdrüse einen entscheidenden Einfluß auf den Heilungsprozeß einer Krankheit ausübt und diesen weitgehend steuert. Ebenso besitzt sie entscheidende Auswirkungen auf das Glücksempfinden und Wohlbefinden eines Menschen. Das hängt mit ihrer T-Zellen-Produktion zusammen.

T-Zellen sind ein Polizeisonderkommando des Körpers. Stets sind diese „Polizisten" auf Streife und suchen nach abnormen Zellen, nach Zellen, die dem Körper Schaden zufügen können. Diese feindlichen Zellen zerstören sie rasch.

Die Arbeit der Thymusdrüse hält uns also gesund und macht uns glücklich.

**Methoden zur Stimulierung der Thymusdrüse**

*Stimulation des Thymus durch Lächeln*
Wenn wir richtig herzhaft lächeln (nicht grinsen) wird die Thymusdrüse aktiviert und schüttet kleine Mengen chemischer Substanzen in unseren Körper aus, die ein besseres Fühlen, ein Wohlbefinden auslösen.
In einer wissenschaftlichen Studie wurde festgestellt, daß Lächeln den Thymus und die Muskeln, die mit verschiedenen Lustzentren im menschlichen Gehirn verbunden sind, aktiviert und so den Effekt „spontane Freude" hervorruft.

*Thymus mit der Hand klopfen*
Wenn man mit zwei Fingern auf die Drüse klopft (etwa 20 ×) und dabei lächelt, regt
man sie an.

*Zunge hinter die oberen Zähne legen*
Wenn Sie Ihre Zunge hinter die oberen Zähne an den Gaumen legen, werden die
beiden Gehirnhälften ausgeglichener. So können Sie besser denken und sich besser
fühlen.

> ### ✎ Aktivieren Sie Ihre Thymusdrüse
>
> - Setzen Sie sich bequem und entspannt hin.
> - Entspannen Sie Ihre Muskulatur.
> - Lächeln Sie, als seien Sie der glücklichste Mensch der Welt.
>   Jetzt beginnt Ihre Thymusdrüse mit der Arbeit und stimuliert Ihren Körper
>   positiv.
> - Klopfen Sie jetzt zwanzig mal auf den Thymus.
> - Halten sie Ihre Zunge mindestens eine Minute lang in der Mittelstellung hinter
>   den oberen Zähnen.

## 2. Die Atmung fördern
Auch der Atem hat eine Auswirkung auf die Stimmung, das Glücklichsein. Es spielt
dabei eine wesentliche Rolle, wie tief Sie atmen.
Eine bessere Atmung führt zu einer Verbesserung der Gesundheit und zur Vermei-
dung von Stimmungsschwankungen.
Mit Hilfe der Atmung und der Muskelbewegung wird der Lymphfluß aktiviert. Wir
werden entgiftet.

Die Lymphe ist der Hausmeister des Körpers. Sie transportiert im Lymphsystem alles Giftige und abgestorbene Zellen ab, also den „Abfall", der täglich in unserem
Körper anfällt.

Der Atem fördert die Zirkulation der Lymphflüssigkeit, da das Lymphsystem keine eigene „Umwälzpumpe" hat, wie das Herz beim Blutkreislauf. Starkes, tiefes Atmen stärkt zudem das Immunsystem und massiert die inneren Organe und Drüsen. Atmung beeinflußt aber nicht nur die Körpergesundheit, sondern auch die Stimmung.

Was geschieht,
• wenn Sie Angst haben, sich fürchten?
  Die Atmung wird langsamer und flacher.
• wenn Sie freudig erregt sind?
  Die Atemzüge werden kürzer, aber etwas tiefer. Sie nehmen mehr Sauerstoff auf.
• Wenn Sie ruhig, glücklich und zufrieden sind?
  Ihre Atemzüge werden lang, tief und regelmäßig. Das ist die optimale Atmung.

Dieser Vorgang funktioniert auch umgekehrt. Wenn unsere Stimmungen die Atmung beeinflussen, dann kann auch die Atmung die Laune verändern.
Es ist wissenschaftlich bewiesen: Wenn Sie Ihre Atmung verändern, verändert sich auch Ihre Stimmung und Laune. Atmung wirkt auf den Geist. Der Mystiker Karila sagt dazu folgendes:

*„Wenn Du einen ruhigen Geist haben möchtest, reguliere zuerst Deine Atmung. Denn wenn diese unter Kontrolle ist, hat das Herz seinen Frieden. Aber wenn man krampfartig atmet, ist es beunruhigend. Daher sollte man, bevor man irgend etwas anderes versucht, zunächst seine Atmung regulieren, und der Geist wird von ganz allein ruhig."*

In alten Gebetbüchern findet man zuweilen den Satz: „Hier lasse einen Säufzer fahren", und Sorgen sowie schlechte Laune werden positiv beeinflußt.

Leider atmen heute viele Menschen falsch: zu flach, zu wenig tief, oft hektisch kurz, eher Brust- als Bauchatmung (Zwerchfell).
Deshalb wäre ein Atemtraining notwendig, um Stimmungen und Laune zu regulieren.

### Ⓐ Fördern Sie Ihre Atmung

- Setzen Sie sich entspannt hin und machen Sie es sich bequem.
  Schließen Sie die Augen, lächeln Sie dabei sanft und herzhaft.
  Atmen Sie, als seien Sie glücklich.
- Holen Sie tief Luft und füllen Sie zuerst die Lungenspitzen. Dies erreichen Sie, indem Sie sanft den Bauch vorstrecken, während sie durch die Nase einatmen.
- Atmen Sie weiter ein, bis sich die unteren Hälften der Lungen gefüllt haben. Füllen Sie jetzt auch die obere Hälfte der Brusthöhe und die Lunge vollends. Atmen Sie aber nicht soviel Luft ein, daß Sie das Gefühl haben, zu platzen. Halten Sie jetzt für einige Sekunden den Atem an.
- Atmen Sie ruhig und entspannt durch Nase oder Mund in einem Zug aus.

### 3. Körperbewegung und Körperhaltung

Auch mit Hilfe von Körperbewegungen (z.B. Radfahren, Jogging u.a.) können Sie Ihre miese Stimmung, schlechte Laune oder gar Trauer regulieren und sich wieder in Stimmung bringen.

Von Bedeutung ist auch der Zusammenhang zwischen Körperhaltung und menschlichen Gefühlen bzw. Stimmungen.

Welche Körperhaltung zeigt ein

- niedergeschlagener, deprimierter, trauriger Mensch?
  Er geht langsam, mit hängenden Schultern, atmet flach und stößt manchmal Seufzer der Enttäuschung aus.
  Er lächelt nicht und schaut meist auf den Boden.
  Seine Stimme klingt verhalten, klanglos und schwach.
- glücklicher Mensch?
  Er bewegt sich schneller, lächelt, redet voller Energie und atmet tiefer.

*„Wenn Du Dich bewegst, als seist Du glücklich, beginnst Du tatsächlich, Dich glücklich zu fühlen."* (S. Reynolds, Gut drauf in 8 Minuten)

Diesen Zusammenhang verdanken wir unserem Gehirn.

Wenn wir glücklich sind, uns auf eine bestimmte Art bewegen, schließt unser Gehirn folgerichtig, daß wir glücklich sind, weil wir uns z.B. so bewegen (psychomotorische Wechselwirkung):

## Erproben Sie Ihre Körperhaltung

- Setzen Sie sich hin und nehmen sie eine Körperhaltung ein, als ob Sie niedergeschlagen wären, weil Sie einen Autounfall verursacht haben.
  Lassen Sie die Schultern hängen.
  Atmen Sie flach.
  Machen Sie ein trauriges Gesicht.
  Reden sie mit sich, als seien Sie deprimiert.
  Machen Sie das alles mit Überzeugung eine Minute lang.
- Wie fühlen Sie sich jetzt?
  Welche Auswirkungen hat eine solche gespielte Szene auf Ihre Laune?
  Was ist für Sie die Konsequenz daraus?
- Versuchen Sie jetzt das Gegenteil:
  Setzen Sie sich hin, als würden sie vor Freude überschäumen, aufrecht und gerade.
  Lächeln Sie aus vollem Herzen.
  Atmen Sie tief durch und entspannen Sie sich.
  Genießen Sie diesen euphorischen glücklichen Zustand.
  Wie fühlen Sie sich jetzt?

Der Körper hat in dieser Übung eine Botschaft über das Nervensystem an das Gehirn geschickt, z.B. daß Sie glücklich sind. Nun leitet Ihr Gehirn die notwendigen Reaktionen ein, damit Sie sich glücklich fühlen. Ihr Unterbewußtsein ist Ihr Diener, der die Befehle entgegennimmt, die Sie ihm senden. Weisen Sie also Ihr Gehirn an, sich gut zu fühlen.

Sie können durch diesen Trick so sein, wie Sie wollen, wenn sie nur Ihre Körperbewegungen und Gedanken entsprechend verändern.

 Sie sind erschöpft Im Buro, weil sie schon lange und intensiv gearbeitet haben. Deshalb bewegen Sie sich jetzt, als seien Sie voller Power. Ihr Gehirn verschafft Ihnen die Energie, die Sie brauchen. Sie müssen diese Energie-Rolle jedoch überzeugend spielen. Stellen Sie sich vor, Sie stünden auf einer Bühne ...

## 4. Mentale Programmierung

Stimmungsschwankungen lassen sich auch mental angehen, denn wir besitzen ein leistungsfähiges Gehirn, das wir nur zu einem Prozent nutzen. Wir können unser Gehirn so programmieren, daß wir tun und fühlen können, was immer wir wollen. Wir können also auch gute Stimmungen programmieren, indem wir unserem Unterbewußtsein den Eindruck verschaffen, wir seien gut drauf. Es ist relativ einfach, unser Gehirn dazu zu bringen, die Laune zu verbessern.

### ✎ Programmieren Sie Ihr Gehirn auf gute Laune

- Entspannen Sie sich, lächeln Sie, atmen Sie tief und schließen Sie Ihre Augen.
- Stellen Sie sich vor, Sie sitzen im Kino. Doch die Leinwand ist jetzt in Ihrem Kopf.
- Stellen Sie sich vor, Sie seien auf der Leinwand. Sie sind glücklich, bestens gelaunt, lächeln und springen vor Freude umher, sind sorglos und frei wie ein Vogel.
  Bauen Sie sich selbst ein solches Bild auf.
- Konzentrieren Sie sich auf dieses Gute-Laune-Bild vor Ihrem inneren Auge, als sei es die Realität.
- Stellen Sie dieses Bild so groß und scharf wie möglich ein und lassen Sie es als Film laufen, voller Farben und mit schöner Musik unterlegt.
- Ist das Bild bzw. der Film so gestaltet, wie Sie es haben wollen, dann stellen Sie es sich zwei Minuten vor.
  Wichtig ist, daß Sie dies mit Hingabe voller Überzeugung tun und sich gefühlsmäßig damit identifizieren.

### Das Unterbewußtsein

- Kennt keine Unterschiede zwischen wirklich und irreal, zwischen Wirklichkeit und bloß vorgestellt.
- Es arbeitet nur aufgrund der Bilder bzw. Informationen, die Sie ihm geben.
- Wichtig ist nur, die vorgestellten Bilder aus tiefem Herzen zu empfinden, mit allen Sinnen zu sehen und
- sich dieses „glückliche Bild" immer wieder vorzustellen.

Dann wird Ihr Gehirn Sie anweisen, Ihren Vorstellungen zu folgen und Sie werden bald gut drauf sein.

Wir haben also schlechte Laune, weil wir unser Gehirn angewiesen haben, sich schlecht gelaunt zu fühlen. Es war z.B. nicht der unangenehme Kollege oder der schlimme Vorgang, der schlechte Laune machte, sondern das, was Sie gedanklich daraus gemacht haben.

Wir dürfen nicht eine Marionette unserer Lebensumstände sein und uns nur gut fühlen, wenn alles gut läuft bzw. schlecht fühlen, wenn alles schlecht läuft. Wir übernehmen jetzt die Kontrolle über unsere Stimmungen und werden unser eigener Programmdirektor. Wir nutzen die ungeheuren Kräfte unseres Gehirns, um uns in eine bessere Stimmung zu versetzen, wenn die Lebens- und Arbeitsumstände schwierig werden. Gut drauf bin ich viel kraftvoller und verfüge über mehr Energie, um das reale Problem anzupacken.

### 3.3.3 Gut drauf durch richtiges Essen

Ich bin heute wieder mit dem falschen Bein aus dem Bett gestiegen, mies gelaunt und schon zu spät, um pünktlich zur Arbeit zu kommen. Deshalb nur eine Tasse Kaffe und ab. –Wer kennt nicht solche (falschen) Situationen?

Ob und was man ißt, beeinflußt unsere Stimmung erheblich. Nahrungsmittel mit geringem Nährwert und hohem Fettanteil nehmen uns Energie und fördern schlechte Laune. Unser Gehirn ist dann, gerade am Morgen, unterversorgt und jetzt sollen wir auch noch geistig fit sein. *„Deshalb müssen Menschen …, die sich von Fast Food ernähren und das Frühstück ausfallen lassen, um Zeit zu sparen, nach einigen Jahren feststellen, daß sie ausgebrannt sind." (S. Reynolds, Gut drauf in 8 Minuten)* Ihr Gehirn arbeitet nicht mehr schnell und wirkungsvoll, die Konzentration und das Gedächtnis haben abgebaut. Unsere Ernährung beeinflußt natürlich nicht nur unsere geistigen Fähigkeiten, sondern auch unser körperliches Wohlbefinden.

**Was essen, wenn die Stimmung sinkt?**

Besonders Vitamine aus der B-Familie können die Retter sein, wenn plötzliche Weltuntergangsstimmung aufkommt. Denn auch schlechte Stimmung ist eine Folge gestörter Nachrichtenübermittlung zwischen den Nervenzellen sowie der Abwesenheit des Neurotransmitters Serotonin, der auch als „Glückshormon" bezeichnet wird.

## Allgemeine Ernährung zur Vorbeugung

| | |
|---|---|
| **Vitamin B1** (Thiamin) | Gemüse, mageres Fleisch, Samen, Keime, Nüsse |
| **Vitamin B3** (Niazin) | Lammfleisch, mageres Geflügelfleisch, Thunfisch, Kaninchen, Milchprodukte, Eier |
| **Vitamin B5** (Pantothensäure) | Innereien (Leber, Herz), Fisch (Forelle, Hering, Makrele), Weizenkleie |
| **Vitamin B6** (Pyridoxin) | Grüne Pflanzen (Gemüse und Salate), Leber, Lachs, Sojabohnen, Walnüsse |
| **Vitamin B12** (Kobalamin) | Leber, Nieren, Muskelfleisch, Fisch, Eier, Milch |
| **Folsäure** | Bierhefe, Leber, Nieren, Milch |
| **Eisen, Kalzium, Magnesium, Zink** | Leber, Fleisch, grünes Blattgemüse, Käse, Sonnenblumen- und Kürbiskerne |

**Als Sofortmaßnahme:**
1 Brötchen aus Vollkorngetreide,
1 Scheibe Lachs,
1 gekochtes Ei,
1 Glas Milch

Stimmungslagen entstehen weder im Herzen noch im Bauch, sondern primär im Kopf, im Gehirn. Hier steuert vor allem das Limbische System (seitlich im Schläfenhirn) und die Formatio reticularis – ein netzartiges Nervenzellgewebe im Stammhirn – unsere Emotionen und Stimmungen. Dafür braucht unser Gehirn ca. 20 Prozent der Energie, die uns unsere Nahrung liefert. Was braucht nun unser Gehirn, um Emotionen und Stimmungen zu steuern?

### Botenstoffe und Aminosäuren

Botenstoffe sind Eiweisse, die aus Aminosäuren gebildet werden, sogenannte Neurotransmitter, Überträgerstoffe, die an den Nervenenden freigesetzt werden, um Nervenimpulse zu übertragen. Diese Botenstoffe beeinflussen erheblich unsere Gefühlslage, unsere geistigen Fähigkeiten, unser Tun und unsere Gesundheit.
Unser Körper produziert zwar selber Botenstoffe, aber sie müssen auch durch die Nahrung zugeführt werden.

Für unsere Emotionen, Energien und Stimmungen brauchen ein ausgewogenes Angebot an Aminosäuren. Dafür sorgen wir am besten, wenn wir über den Tag verteilt mehrere Mahlzeiten zu uns nehmen. So läßt sich auch eine ausgeglichene Gefühls- und Stimmungslage herstellen.
Welche Botenstoffe beeinflussen nun unsere Stimmungslagen? Hier einige Beispiele:

**Serotonin beruhigt**
Serotonin wird auch als „Glückshormon" bezeichnet.
Es beruhigt und fördert Wohlbefinden, kann aber auch schläfrig machen.
Serotonin entsteht aus Tryptophan, einer essentiellen Aminosäure *(vgl. Claudia Daiber, Essen, das glücklich macht)*.
Tryptophan kommt vor in: Fenchel, Endiviensalat, Spinat, Bohnen, Rettich, Karotten, roten Rüben u.a.

**Endorphine machen euphorisch**
Hierbei handelt es sich um körpereigene Opiate, die uns in euphorische Stimmung versetzen können. Sie werden in Extremsituationen, z.B. durch sportliche Aktivitäten, große Anstrengungen, in einer durchwachten Nacht vom Körper produziert und erzeugen bessere Stimmung.

**Vitamine und Mineralstoffe sorgen für eine gute Stimmung**
Um unsere Stimmungslage in der Balance zu halten, brauchen wir die entsprechenden Vitamine und Mineralstoffe, vor allem Vitamine aus der B-Gruppe.
Eine Zusammenstellung über stimmungsfördernde Vitamine und Mineralstoffe gibt die Übersicht auf S. 72 *(aus: Herbert Schwinghammer, Brainfood – Essen, das intelligent macht)*.

**Eiweiß und Kohlenhydrate bringen die Gedanken in Schwung**
Wer geistig viel arbeitet, sollte auch eiweiß- und kohlenhydratreiche Nahrung nicht vernachlässigen.
Die eiweißhaltige Kost enthält die Aminosäure Tyrosin, welche Dopamin bildet, das ebenfalls ein Glückshormon ist.

**Heilpflanzen gleichen die Stimmung aus**
Pflanzen haben eine Vielzahl von Wirkungen, auch auf unsere Gesundheit und Stimmungen. Die Beeinflussung unserer Stimmungslagen, z.B. einer depressiven Verstimmung oder Antriebslosigkeit durch Pflanzen kann erfolgen durch Tees, aber auch durch Tabletten und Kapseln. Im folgenden einige Beispiele für Heilpflanzen.

**Johanniskraut**
Das beste Mittel gegen Stimmungsschwankungen oder gar Erschöpfungen sowie depressive Verstimmungen ist Johanniskraut. Es wirkt jedoch erst nach drei Wochen, schneller bei nervöser Unruhezuständen.

**Kawa-Kawa**
Es handelt sich um Extrakte aus dem Wurzelstock einer im Südseeraum heimischen Pfefferart. Sie helfen bei nervösen Angst-, Spannungs- und Unruhezuständen. Die Leistungsfähigkeit bleibt bei der Einnahme voll erhalten.

**Knoblauch**
Die Wirkstoffe der Knoblauchzwiebel verbessern Antriebsschwäche, aber auch Konzentrations- und Durchblutungsstörungen.

*„Das Glück deines Lebens*
*hängt von der Beschaffenheit*
*deiner Gedanken ab."*
MARC AUREL, PHILOSOPH

*Solange ein Mensch*
*entschlossen ist, glücklich zu sein,*
*wird er glücklich sein*
*und nichts kann ihn aufhalten.*
ALEXANDER SOLZSCHENIZYN, SCHRIFTSTELLER

## 4 Mindfitness: Streß bekämpfen mit geistiger Kraft

Die geistige Einstellung, das Denken, unsere Vorstellungen sind für die Entstehung von Streß von großer Bedeutung. Wir können entspannen, Streß abbauen, selbst wenn die äußeren Umstände unverändert „stressig" bleiben.
Es sind nicht die äußeren Verhältnisse, die den Streß verursachen, sondern unsere geistigen Kräfte, unsere Mindfitness. Sie hilft, das äußere Ereignis entsprechend zu beurteilen, durch Konzentration und Aufmerksamkeit die Spannung zu regulieren, aber auch die Vorstellungskraft aufzubringen, die z.B. durch entspannende Bilder (Vorstellungen) den Streß neutralisiert und zu einer Spannungsbalance führt.

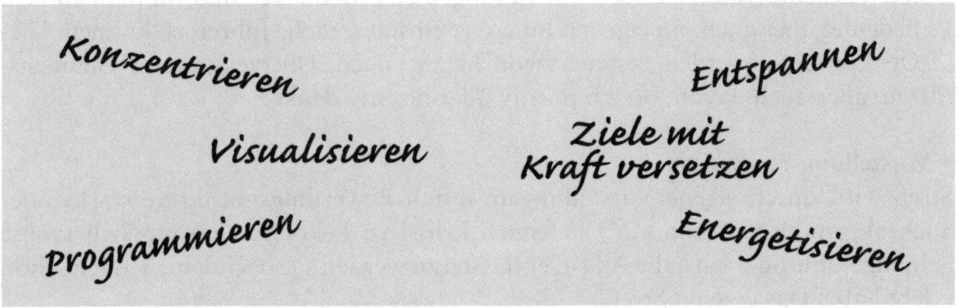

*Konzentrieren*
*Entspannen*
*Visualisieren*
*Ziele mit Kraft versetzen*
*Programmieren*
*Energetisieren*

**Abb. 16** Mentale Fähigkeiten trainieren

*Fähigkeiten sind Werkzeuge, die Sie nutzen sollten.*
*Mit Kontentration und Übung werden Sie geschickt in ihrem Gebrauch.*

*Kein Werkzeug arbeitet von allein. Sie müssen es nutzen.*

Bei der Betrachtung eines Vorfalls nimmt in der Regel jeder etwas anderes wahr, weil jeder den „Film" durch seine Brille sieht, ihn filtert.

### 4.1 Möglichkeiten der mentalen Regulation

Streß läßt sich vermeiden, verringern und abbauen durch folgende Mindfitness-Fähigkeiten:

• **Wahrnehmungsregulation**
Je nachdem, was ich wahrnehme und durch welche Brille (Glaubenssätze, Erfahrungen u.a.) ich etwas sehe, wie ich es bewerte, werde ich einen mehr oder weniger starken Streß erzeugen.

• **Spannungsregulation**
Mit Hilfe von Mindfitnessfähigkeiten wie Aufmerksamkeit und Konzentration kann ich die Spannung bzw. den Streß regulieren.
Wenn ich mich z.b. ständig auf das Heizungsgeräusch in meinem Schlafzimmer konzentriere, ihm übergebührend Aufmerksamkeit zukommen lasse, wird es zum Streß.
Ich kann aber auch meine Aufmerksamkeit regulieren, sie anderen entspannenden Vorgängen zuwenden.

• **Denkregulation**
Denken bedeutet, innere Bilder, Vorstellungen zu produzieren und wahrzunehmen. Es bedeutet aber auch, im eigenen Inneren Selbstgespräche führen zu können. Diese Denkprozesse werden gesteuert von Erfahrungen, Überzeugungen, Glaubenssätzen, aber auch davon, ob ich positiv oder negativ denke.

• **Vorstellungsregulation**
Streß wird durch eigene Vorstellungen, durch Bewertungsmuster verstärkt oder auch abgemildert. Wenn ein Chef mich kritisiert, bekomme ich möglicherweise Schuldgefühle oder ich habe Angst, entlassen zu werden – je nachdem, was ich schon erlebt habe. Das erzeugt Streß.

• **Mentale Programmierung**
Geistige Mind-Fähigkeiten wie Konzentration und Vorstellungen müssen trainiert werden, damit ich sie auch wirkungsvoll, d.h. situationsgerecht und flexibel einsetzen und in mein Gehirn programmieren kann.
Vorstellungen sollten dann gemildert, abgeschwächt oder auch verstärkt werden, je nachdem, ob es eine Streß-Situation oder etwas Entspannendes ist.
Auch die Aufmerksamkeit und Konzentration sollte bei streßauslösenden Ereignissen verlagert, verstärkt oder abgeschwächt werden.

## 4.2. Mentale Streß-Regulations-Programme

### 4.2.1 Streß-Quellen ausschalten durch das Denken

• Denken Sie daran ...
    ... Sowohl ich wie auch andere Menschen haben ein Recht auf Erfolg.
    ... „So wie man in den Wald hineinruft, so schallt es in der Regel wieder heraus."
    ... Alle Menschen sind gleichwertig. Wenn ich andere verletze, nicht achte, bleibt
        das negativ in meinem Unterbewußtsein. Wenn ich andere mit positiven Ge-

danken bereichere, bereichere ich mich selbst. Gedanken hinterlassen auch bei mir eine biochemische Reaktion.

... Jeder Mensch kann Fehler machen bzw. hat ein Recht auf eine zweite Chance.

• Sorgen Sie immer für gute Perspektiven.

• Holen Sie öfters schöne Erinnerungen in Ihr Bewußtsein zurück und halten Sie diese über mehrere Minuten fest.
Setzen Sie sich dabei ruhig hin und schalten alle Störquellen ab.
„Baden Sie in dieser schönen Erinnerung":
Die Reaktion, die Ihr Gehirn über die Nerven weitergibt, löst einen entspannenden, heilsamen, biochemischen Prozeß aus.
Wir können uns vital, lebensfroh und gesund denken.

Mit Hilfe eines optimistischen, positiven Denkens können wir uns entspannen und Kraft sammeln für neue Aufgaben.
Entspannen heißt sich hinwenden zum Schönen, Guten, Positiven, Natürlichen, heißt leben im Hier und Jetzt.
Damit holen wir uns die Kraft, auch das Schlechte und Negative, das zu jedem Leben gehört, zu meistern.

Optimismus schafft Kraft und Lebensfreude,
Pessimismus lähmt, macht depressiv.

Nur wenn wir an eine
Zukunft glauben, die
lebenswert,
schön,
optimistisch ist,
nur dann wird das,
was wir uns wünschen
und erhoffen
Wirklichkeit.

Um unsere Gedanken in die gewünschte Richtung zu lenken, müssen wir Gedankendisziplin üben. Wir müssen negative Gedanken umdrehen und so mental umerleben. Damit entsteht ein bewußtes positives Denken *(vgl. Abb. 17)*.

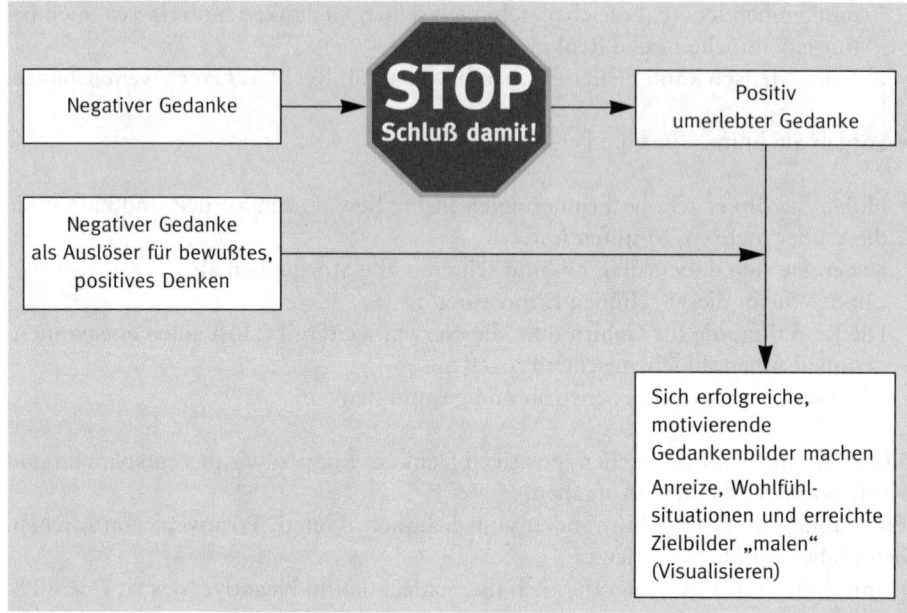

**Abb. 17** Umdrehen von negativen Gedanken und mentales Umerleben

*Jeder große Mensch entnimmt allen Dingen und allen Menschen Gutes.*
JOHN RUSKIN

*Verdrieße dich nicht darüber, daß der Rosenstrauch Dornen trägt,*
*sondern freue dich darüber, daß der Dornenstrauch Rosen trägt.*
*(Arabische Spruchweisheit)*

**Positives Denken und formelhafte Vorsatzbildung**

„Ich bin vollkommen ruhig und gelassen."
„Ich bin und bleibe frei von Angst."
„Ich schaffe es."
„Mein Gedächtnis ist voll."
„Ich denke und handle ganz sicher und klar."

### ✎ Üben Sie Ihre Mindfitness

- Stellen Sie sich einzelne Streß-Situationen vor.
- Malen Sie sich aus, wie Sie diese Situationen und Probleme im einzelnen bewältigen.
- Schalten Sie zwischendurch immer wieder auf Entspannung um.
- Stellen Sie sich plastisch mit allen Einzelheiten vor, wie Ihnen nach erfolgreichem Prüfungsabschluß Ihr Zeugnis überreicht wird und wie stolz die Menschen sind, die Ihnen nahestehen.

## 4.2.2 Streß regulieren durch Konzentration und geistige Beweglichkeit

### ✎ Fixierungs-Übung

Fixieren Sie dieses Bild und versuchen Sie, mit Ihren Gedanken vollständig bei diesem Bild zu bleiben.

### ✎ Üben Sie Ihre Konzentration durch „Geistschläge"

Fahren Sie mit einem Bleistift langsam über ein leeres Blatt Papier.
Versuchen Sie, Ihre Aufmerksamkeit genau auf die Spitze gerichtet zu halten, auf die Stelle also, wo die Linie entsteht.
Jedesmal, wenn Ihre Gedanken abschweifen, zeichnen Sie einen Zacken, lassen Sie die Linie ausschlagen.
Wenn Sie am Rand des Papiers angekommen sind, führen Sie eine zweite Linie zurück und immer weiter so.
Wie lange bleibt Ihre Linie gerade, wie lange können Sie sich also ohne Unterbrechung konzentrieren?

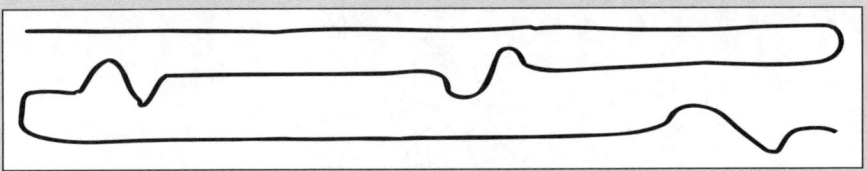

**Tips für gute Konzentration**

- Konzentrieren Sie sich stets auf das, was Sie tun, lesen und denken.
  Achten Sie genau auf Ihre Aufmerksamkeit.

- Unterstützen Sie das Bemühen um Konzentration durch Ihren Körper.
  Entspannen Sie sich, sitzen oder stehen Sie aufrecht und vermeiden Sie unnötige Bewegungen.

- Entwickeln Sie Interesse für das, was Sie gerade tun, für die augenblickliche Aufgabe.
  Nichts ist im Augenblick wichtiger. Vermeiden Sie Zerstreuung und Ablenkung.

- Es kommt auf Ihre geistige Einstellung an, Ihre Selbstmotivation.
  Machen Sie sich ein geistiges Bild von dem, was Sie tun und wie toll das abläuft. Sehen sie sich, wie Sie sich erfolgreich konzentrieren, wie die Arbeit von der Hand geht.
  Tun Sie so, als ob Ihr Geist voll konzentriert sei.

- Erstellen Sie sich eine Prioritätenliste. Was mache ich zuerst, was dann?
  Es gilt: Eins nach dem anderen.
  Setzen Sie sich Ziele. Bis wann will ich das fertig haben?

> *„Wenn du sitzt, dann sitze nur.*
> *Wenn du stehst, dann stehe nur.*
> *Vor allen Dingen, wackel nicht."*
> ALTES CHINESISCHES SPRICHWORT

## ✐ Adreßbuch-Übung

- Wählen Sie wahllos einen Buchstaben aus dem Alphabet aus.
- Wiederholen Sie aus dem Kopf Ihnen bekannte, zu dem gewählten Buchstaben gehörige Namen und deren Telefonnummern.
- Schließen Sie die Augen und wählen Sie die jeweilige Nummer auf einem imaginären Telefon.

**Variationen:**

- Spielen Sie die Übung mit wechselnden Kategorien durch (z.B. nur Freunde und Verwandte, Geschäftspartner und Männer usw.).
- Suchen Sie nur die Telefonnummer zu den einzelnen Namen.
  Vervollständigen Sie mit der Zeit ihr „Kopf-Adreßbuch" um Straßen, Orte, Postleitzahlen, Faxnummern etc.
- Visualisieren Sie zu jeder Adreßbucherweiterung ein geistiges Bild.
  (So etwa eine Vorstellung von der Straße und dem Wohnort. Gefällt Ihnen dieser Ort, verweilen Sie einen Moment.)

## ✐ Konzentrieren Sie sich auf das Schöne

- Schauen Sie sich um und wählen Sie spontan 3–5 Objekte aus, die Sie in diesem Moment ansprechen.
- Schließen Sie die Augen, entspannen Sie sich und isolieren Sie die Objekte im Geiste nacheinander bis alle klar vor Ihrem geistigen Auge erscheinen.
- Suchen Sie nach Gemeinsamkeiten der isolierten Dinge.
  z.B. die Anfangsbuchstaben, die Farbe, das Material etc.
  Zerlegen Sie die Objekte dabei auch in ihre Einzelteile, um auf Gemeinsamkeiten zu stoßen.

**Variationen:**

- Erhöhen Sie die Anzahl der Objekte mit fortgeschrittener Übungserfahrung.
- Wählen Sie Objekte aus dem Blickfeld ihres geistigen Auges.
- „Fahren" Sie bei geschlossenen Augen imaginär an einen schönen Ort und wählen Sie die Objekte dort aus.

## ✍ Tauchen Sie ein in die Welt der Tiere

- Schließen Sie die Augen, entspannen Sie sich. Verwandeln Sie sich im Geiste in ein erdverbundenes Tier (z.B. einen Regenwurm oder ein Erdhörnchen).
- Sie befinden sich in Gedanken auf einem angenehmen Boden (einem Strand oder einem fruchtbarem Kartoffelfeld etc.) und unternehmen eine Erdreise.
- Denken Sie daran, die Eigenschaften Ihres Wunschortes zu fühlen. (Ein Strand ist an der Oberfläche heiß und locker, ein Kartoffelfeld beinhaltet nahrreiche Wurzeln, man trifft andere Tiere etc.).
- Treffen Sie andere Tiere, die Ihnen angenehm sind und unterhalten Sie sich mit ihnen in der tierischen Sprache.

**Variationen:**

- Sie können sich natürlich auch in einen Vogel, eine Antilope, einen Fisch oder andere Tiere der verschiedenen Elemente, die Ihnen angenehm sind, verwandeln.

**Tip:**

- Wählen Sie nur angenehme Tiere und Elemente (z.B. Wasser, Erde, Luft).
- Sie sollten Ihre momentanen Sehnsüchte befriedigen.
  (Fühlen Sie sich kalt und gelangweilt, gehen Sie in den Urwald des Amazonas. Dort gibt es eine Vielzahl von Eindrücken in warmen Gefilden.
  Fühlen Sie sich eingeengt, fliegen Sie als Adler über den Weiten der Alpen.)

## ✍ Konzentrieren Sie sich

- Suchen Sie sich eine bequeme und angenehme Position.
  Bevor Sie die Übung beginnen, atmen Sie einige Zeit ruhig und tief.
- Verfolgen Sie nun den Sekundenzeiger Ihrer Uhr für 2 Minuten.
  Wenn Sie geistig von diesem Gegenstand „wegtreten", sammeln Sie Ihre geistigen Kräfte erneut und beginnen von vorne.

**Variationen:**

- Führen Sie diese Übungen auch mit anderen Gegenständen durch (z.B. mit einer Kugelschreiberspitze, einer Büroklammer, einer Kirchturmspitze etc.).

- Der Gegenstand kann auch ein imaginäres Objekt oder Subjekt sein (z.B. schließen Sie die Augen und konzentrieren Sie sich auf einen Ameisenhaufen, der einsam im tiefen Wald steht).
- Erschweren Sie die Übung, indem Sie z.B. das Fernsehen oder eine andere Quelle der Ablenkung einbeziehen.

**Tip:**

- Nutzen Sie diese Übung, um Ihre geistigen Kräfte für schwierige Telefongespräche, Konferenzen und Meetings zu sammeln.

### Üben Sie Ihre Balance

- Setzen Sie sich entspannt und locker hin. Atmen Sie ruhig und tief ein.
- Nehmen Sie sich einen Bleistift zur Hand und balancieren Sie ihn auf dem Zeigefinger Ihrer Schreibhand aus.
  Dieser Vorgang gehört bereits zur Übung, es ist also nicht schlimm, wenn das Austarieren des Stiftes ein paar mal mißlingt.
  Versuchen Sie jeden Versuch behutsamer und langsamer anzugehen.
- Fühlen Sie sich sicher, strecken Sie langsam und behutsam den Arm nach vorne, bis er gestreckt ist.
- Ist der Arm ausgestreckt, konzentrieren Sie sich ca. 30 Sekunden auf die Kontaktstelle zwischen Finger und Stift.
  Schweift Ihre Konzentration ab, beginnen Sie mit dem Zählen wieder bei eins.

**Variationen:**

- Benutzen Sie auch ihre „Nicht-Schreibhand" oder führen Sie die Übung mit beiden Seiten durch.
- Nehmen Sie auch andere Gegenstände wie z.B. Telefonhörer, Lineale etc.

**Tip:**

- Lockern Sie nach der Übung Ihren Oberkörper, indem Sie ihn bei hängenden Armen hin- und herwerfen.

### ✏ Erfinden Sie Ihre glückliche Welt

- Begeben Sie sich in eine bequeme Haltung und entspannen Sie sich mit einer Minute tiefer und bewußter Atmung. Schließen Sie dabei die Augen.
- Durchsuchen Sie im Geiste den vergangenen Tag (oder einen Zeitraum) nach Momenten, in denen Sie emotional besonders erregt waren (evtl. ist es Ihnen beim Bäcker nicht schnell genug gegangen oder Sie haben sich über die Verkäuferin geärgert).
- Überdenken Sie nun diese Situation, spielen Sie diese im Geiste noch einmal nach.
  Beleuchten Sie die Quelle emotionaler Negativität und suchen Sie nach Alternativen. Berücksichtigen Sie dabei alle beteiligten Parteien und Facetten.
- Spielen Sie die Szene anschließend im Geiste noch einmal durch.
  Bringen Sie alle Personen dazu zu lächeln.
  Suchen Sie sich am Ort des Geschehens eine Krafttankstelle, die Sie bei Ihrem nächsten realen Besuch anzapfen können, falls Ihre Emotionen wieder mit Ihnen durchgehen. (Beim Bäcker riecht es z.B. gut nach frischen Brötchen, erinnern Sie sich an deren Geschmack usw.).

### 4.2.3 Mentale Entspannung und Programmierung

Hierbei handelt es sich um ein mentales Training.
Mentaltraining bedeutet:
- Die bewußte Beeinflussung des eigenen Denkens, Wollens und Tuns.
- Eine systematische Methode mit Elementen wie:
  positives Denken
  Entspannung, Tiefenentspannung
  Atem
  Suggestion (Fremdhypnose), Autosuggestion (als eine Art Selbsthypnose)
  Imaginationen (Aktivierung der eigenen Vorstellungs- und Einbildungskraft) anhand
  von Affimation (Vorsatzformeln) und von Verbildlichung (Visualisieren)
- Begleitend unterstützt werden können diese geistig-mentalen Prozesse durch tiefenentspannende Musik oder durch farbtherapeutische Hilfen. Grundlage dieses Mentaltrainings ist die Tatsache, daß unser Denken und Gehirn formbar ist. Um zu verhindern, daß uns negative Gedanken quälen, ist ein bewußt zielgerichtetes Mentaltraining notwendig. Wir wollen im folgenden nur zwei Formen des Mentaltrainings herausgreifen.

## 1. Denk- und Gehirn-Entrümpelung

Hierbei handelt es sich um Methoden, die dazu dienen, das Denken abzustellen, das Gehirn zu entrümpeln.

**Denk- und Gehirn-Entrümpelungsmethoden**

• Aufrechte Haltung einnehmen
  (Wirbelstamm am Hirnstamm angeschlossen)
• Alle Sinnesreize ausschalten
• Auf einen Punkt konzentrieren
• Intensiv ein Bild mit symbolischen Gehalt betrachten (z.B. Mandala)
• Meditative Musik hören
• Gedanken stoppen
• Silbe summen
• Worte wiederholen, die zur Ruhe bringen (z.B. Friede)
• Natur betrachten
• Düfte und Aromastoffe einatmen
• Eine Tasse Tee genießen

Unser Kopf ist dauernd in Aktion.
• Uns überfluten dauernd äußere Wahrnehmungen.
• Es gibt ständig innere Denkaktivitäten.

Wenn der Kopf in Aktion oder gar in Streß ist, bleibt für uns keine Möglichkeit, daß wir uns mit unseren Intuitionen aus unserem Selbst befassen.
Reizüberflutung wird von vielen Menschen als Fluchtmöglichkeit genutzt. Unser Ich ist so engagiert, daß unser Selbst nicht zum Reden kommt.
Deshalb sollten wir, um dieser mentalen Hochspannung wenigstens zeitweise Einhalt zu bieten und zur Besinnung und Entspannung zu kommen, von Zeit zu Zeit unser Denken abstellen, ihm die „Nahrung" entziehen, und zwar die äußeren Sinnesreize und das innere „Geschwätz" gleichermaßen.

### ✐ Stellen Sie Ihr Denken ab

1. Atmen Sie die Kraft der Sonne und ihre Energie ein.
   Atmen Sie die „Schlacken" durch alle Poren wieder aus.
2. Lassen Sie beim Einatmen alle Ihre Wünsche und Sehnsüchte herein.
   Lassen Sie beim Ausatmen Bedrückendes, Ärger sowie Blockierendes heraus.

## 2. Braintechnische Entspannung

In unserer technisierten Welt wird auch die Entspannung immer technischer. Immer mehr Geräte, die der Entspannung, Gesundheit, Lebenshilfe und Selbststimulation dienen, dringen auf den Markt.

Die moderne Brain-Technik verbindet sich mit der Bewußtseinsforschung und den Neuromental-Wissenschaften. Mit Geräten wie Brain-Machines, Synchro-Energizer, wird schnell, zeitsparend, präzise und sicher ein Entspannungszustand und bewußter Bewußtseins-Wandel möglich.
Es wird möglich, kurzzeitig aus unseren Bewußtseins-Programmierungen herauszuspringen.

Folgende braintechnische Entspannungsgeräte sind von Bedeutung

| braintechnische Entspannungs-Geräte | |
| --- | --- |
| Biofeedback-Geräte | Elektrostimulation |
| Hemi-Sync- und andere Casetten | Samadhi-Tanks |
| Brain-Machines | „Gebärmutter-Stuhl" |

Die einzelnen Geräte werden an anderer Stelle ausführlich besprochen. Deshalb kann hier darauf verzichtet werden. Die größte Bedeutung haben Brain-Machines.

### Brain-Machines-Entspannung

Bei der privaten Entspannung, der Seminar- und Beratungssituation werden gern auch Brain-Machines eingesetzt. Sie versetzen den Gestreßten in 15–30 Minuten, je nach Programm, in eine Tiefenentspannung, in der er sich vom Streß erholt, konzentriert.

### 4.2.4 Fallstudie: Streß verarbeiten durch Imaginationen

**❌ Oh, dieser Autounfall – schade!**

Angela hat sich vor zwei Monaten ein neues Auto gekauft. Heute war sie damit zum Einkaufen gefahren und hatte es an der Straße abgestellt. Als sie wieder zurückkam, stand da eine Menge von Schaulustigen.

Ein LKW war gegen ihren PKW gefahren: Totalschaden! Der Benzintank war ausgelaufen, Feuer entstanden, Polizei und Feuerwehr waren in Aktion. Ein Bild des Entsetzens.

Mein liebes Auto. Welch ein Schmerz! Wie kann ich dieses Mißgeschick nur verkraften?

Angela erinnerte sich, daß ein Mental-Berater ihr gesagt hatte, „Versuchen Sie diese visuellen, akustischen, kinestetischen (Gefühl, Körper) und olfaktorischen (Geruch) Vorstellungen vom Autounfall beiseitezustellen, um darüber hinwegzukommen.

Stellen Sie sich diese Sinneswahrnehmungen vor und schalten Sie diese ab bzw. bringen Sie diese weg, um über den Schmerz hinwegzukommen.

Imagination hilft Ihnen weiter."

**✏ Bilden Sie Vorstellungen**

1. Bilden Sie sich selbst Vorstellungsbilder aus den vier Sinneskanälen (visuell, auditiv, kinestetisch, olfaktorisch).
   Schreiben Sie diese auf (oder übernehmen Sie die Vorstellungen aus dem Beispiel).

2. Stellen Sie sich nun aus jedem Sinneskanal eine Vorstellung intensiv vor und bringen Sie diese aus Ihrem Kopf heraus (mit der Verschiebe-Technik).
   Üben Sie das mit geschlossenen Augen.

3. Es hilft Ihnen dabei ein entspannter Zustand.
   Warum?
   Wie läßt sich während der Entspannung diese Imaginationsübung durchführen?

**Lösungsvorschlag: Vorstellungen in den einzelnen Sinneskanälen**
**Visuell**
- Unfallauto auf Flipchart (oder Tafel) vorstellen / sehen und mit Stift ausstreichen.
- Auto mit Folie auf Leinwand projizieren und dann Overheadprojektor ausmachen. Es ist nur noch ein dunkler Fleck.

**Akustisch**
- „Oh, das war doch so ein schönes Auto – Ich will es jetzt vergessen!"
- In die Hände klatschen (Separator) und dann lautlos oder real ein Lied summen.

**Kinetisch**
- Ich fühle Schmerz über den Verlust meines schönen Autos und stelle mir jetzt ein neues, ebenso schönes vor.

**Olfaktorisch**
- Es riecht so nach Benzin, oh, wie schlimm. Das kann ich jetzt nicht mehr ertragen.
  Ich gehe jetzt weg und rieche an einer duftenden Rose.

**Visualisierungsstrategien**

- Visualisieren, das Sich-Vorstellen, sollten Sie mit allen Sinnen trainieren. Versuchen Sie, durch Übungen klare geistige Bilder von Menschen, Ereignissen, Plätzen zu erzeugen.

- Je klarer und deutlicher Ihre geistigen Vorstellungsbilder, je besser wirken sie.

- Benutzen Sie Fotos, Beobachtungen, Filme, Videowiederholungen, aber auch geistige Projektionen (Overheadprojektor, Wandtafel), um die geistige Bilder zu verstärken.

- Wiederholen Sie im Geiste Vorgänge, Verhaltensweisen u.a. Mentales Training ersetzt jedoch nicht das Handeln.

- Arbeiten Sie daran, Mißerfolgsbilder, negative Ereignisse, Vorgänge auszuschließen und ersetzen Sie dies durch Erfolgs- bzw. positive Bilder.

- Wiederholen Sie im Geiste auch nützliche mentale und emotionale Reaktionen auf schwierige Situationen (z.B. Unfall).

Sehen Sie sich, wie Sie selbstsicher, gelassen und positiv bleiben, anstatt ängstlich, deprimiert und erregt.

• Je entspannter Sie sind, je besser gelingt das Visualisieren, die Imagination. Je mehr Sie üben, je eher gelingt es Ihnen, negative selbstzerstörerische Bilder in positive und konstruktive Selbstbilder umzuformen.

### 4.2.5 Streß bekämpfen mit Affirmationen

**(X) Selbstvertrauen aufbauen durch Autosuggestion**

Ilse Knoblauch, 31, hatte sich um eine neue Stelle beworben. Sie wußte genau, auf dieses Vorstellungsgespräch kommt es an. Sie war unsicher, verspannt, nervös. Sie wollte aber ruhig und entspannt sein.

Das ist eine gute Situation für eine **Bejahungsübung.** Deshalb sagte Ilse seit zwei Tagen immer wieder still zu sich:

> Ich fühle mich ruhig und entspannt.
> Ich fühle mich ruhig und entspannt.
> Ich fühle mich ruhig und entspannt.

Ilse sprach diese Affirmationen überall, wo sie ging, saß, stand, vor allem morgens im Bett und abends vor dem Einschlafen, aber auch beim Spaziergang u.a.

Dabei versuchte sie nicht sich ruhig und entspannt zu fühlen, sozusagen krampfhaft, sondern wiederholte den Satz einige Minuten lang ständig.

Auf diese Weise erreichte sie, daß sie im Bewerbergespräch ruhig und entspannt war und ihre Energien voll auf das Gespräch konzentrieren konnte.
Sie hatte damit Autosuggestion, d.h. Selbstbeeinflussung betrieben.

### Bedeutung und Begriff von Affirmationen

Affirmationen gehören zu den Techniken, mit deren Hilfe sich unser bewußter Denkvorgang lenken und steuern läßt.
Unser Bewußtsein als kritische Prüfinstanz wird durch die kurzen, wiederholten Botschaften sozusagen unkritisch und läßt diese dann ungeprüft in das Unterbewußtsein dringen, wo die Kräfte und Energien für die Zielerreichung freigesetzt werden.

Die Affirmation ist eine einfache Technik der mentalen Selbstgestaltung, der Autosuggestion bzw. Selbstbeeinflussung.

Seit Jahrhunderten wird diese Mental-Technik in religiösen und spirituellen Riten und Praktiken, wie z.B. in Gebeten und bei der Mantra-Technik geübt, um
• negative Gedanken durch positive zu ersetzen und
• das Gehirn in eine bestimmte Richtung zu programmieren.

Auch heute werden Übungen mit Affirmationen noch vielfach verwendet, etwa vor Klassenarbeiten, vor Geschäftsabschlüssen, am Beginn eines neuen Lebensweges, um Krankheiten zu heilen, um mit Menschen in Kontakt zu kommen u.a.

**Affirmation oder Bejahungen**
sind einfache Sätze, die man sich leise oder laut wiederholt, vorsagt, einredet.
**Vorgehensweise:** Sie wählen eine Aussage, die das, was Sie erreichen wollen, kurz und knapp ausdrückt und sagen sich diese immer wieder in genau demselben Wortlaut vor.

Affirmationen bzw. Bejahungsübungen lassen sich überall bequem durchführen.

**Wichtig ist nur:**
• Daß Sie vorher genau wissen, was Sie wollen, Ihr Ziel genau kennen.
• Daß Sie die Affirmation richtig gebildet haben.

**Wie wirken Affirmationen?**
Wenn Sie eine Affirmation durchführen, dann
• beeinflussen Sie Ihre Gedanken, Ihr Denken (autosuggestiv),
• lenken Sie Ihr Denken in Richtung der Bejahungsaussage, beschäftigen Ihren Kopf mit diesem Zielzustand.

Unser Denken erfolgt so, daß immer nur ein Gedanke zur gleichen Zeit „gedacht" bzw. festgehalten wird. Affirmationen bewirken deshalb, daß unser Denken mit einem Gedanken „gefüllt" wird, der unser Ziel fördert. Wir überlassen also unser Denken nicht einfach willkürlichen anderen oder gar störenden Gedanken.

Die kurze, prägnante Aussage der Affirmation suggeriert durch die ständige Wiederholung unserem Geist, Bewußtsein und Unterbewußtsein, was wir wollen. Wir können alles, was wir erreichen wollen, in solche bejahende Aussagen umsetzen.

**Was ist bei der Bildung von Affirmationen zu beachten?**

- **Es ist nicht unbedingt notwendig, daß Sie an die Affirmations-Aussage glauben, die Sie formuliert haben.**
  Nicht das Überzeugtsein von Anfang an ist wichtig, vielmehr die Wiederholung, das andauernde Einreden. Dann wird letztlich auch unser Unterbewußtsein überzeugt.
  Wenn Sie jedoch von der Affirmationsaussage überzeugt sind, ist es noch besser, weil sich der Erfolg dann schneller einstellen kann.
  *„Der wache Geist holt sich den Inhalt, den Sie mit Ihrer Aussage bejahen, und dieser sinkt in Ihr Bewußtsein. Sie brauchen nichts zu erzwingen."*
  *(J. Kehoe, Mind Power)*

- **Wählen Sie immer die positive Aussageform.**
  Drücken Sie Ihr Ziel stets positiv aus, so als ob der erwünschte Zustand schon erreicht ist. So z. B. „Ich bin ruhig und entspannt".
  Sagen sie nicht: „Ich werde nicht nervös sein.
  Unser Verstand braucht eine klare Zielrichtung. Er nimmt das „Nicht" nicht wahr und verinnerlicht „nervös". Er konzentriert sich dann auf diese negative Botschaft.

- **Affirmationen sind kurze Sätze.**
  Wie bei einem Mantra oder bei einer Litanei sollte die Affirmation
  kurz,
  leicht aussprechbar,
  einfach und
  leicht wiederholbar sein.
  J. Keho empfiehlt, unter zehn Worten zu bleiben.
  Oft sind die kurzen Aussagen die wirkungsvollsten, wie z.B. „Ich habe es geschafft" oder gar: „Geschafft für immer".
  Häufig ist ein Satz schon zu lang, weil man ihn nur schwer ständig und genau wiederholen kann. Aber gerade die Wiederholung ist wichtig, weil diese die Affirmation in unser Bewußtsein einprägt. Deshalb gilt: „In der Kürze liegt die Würze".
  Formulieren Sie also kurz, rhythmisch und achten sie darauf, daß die Affirmation leicht und betont aussprechbar ist.

- **Vermeiden Sie selbstzerstörerische Aussagen.**
  Oft verwenden Menschen in ihren Gedanken und Selbstgesprächen selbstzerstörende Affirmationen, wie z.B. „Ich bin ein Pechvogel", „Ich schaffe es nie".
  Hüten Sie sich vor solchen – oft leichtfertig ausgesprochenen – Sätzen. Auch sie prägen Ihr Bewußtsein.

- **Affirmation als Autosuggestion**
  Schon Emile Coue, der Pionier und Vater der Autosuggestion, hat Affirmationen gepflegt und erzielte weltweit mit Affirmationen große Heilerfolge. Coue fand heraus, daß seine Patienten sich weit besser und schneller erholten, wenn sie sich morgens und abends seine Affirmationen vorsagten.
  Seine Affirmation, die er ihnen empfahl, lautete:

*„Von Tag zu Tag, gerad wie ich's mag, wird's immer besser."*

Zwei Minuten morgens vor dem Aufstehen und zwei Minuten abends vor dem Schlafen sollten seine Patienten sich diese Affirmation vorsagen.
So wie Coue haben viele andere bedeutende Frauen und Männer ihren Weg mit Affirmationen gebaut, so auch John Lennon, der uns in seinen Liedern dazu aufruft, an uns selber zu glauben, an unsere Kraft und Tüchtigkeit. In seinem Lied von seinem Sohn Sean „Beautiful Boy" heißt es: Bevor Du dich schlafen legst, sprich dieses kleine Gebet (Affirmation):

*„Es wird jeden Tag in jeder Weise besser und besser."*

# 5 Streß regulieren durch Kinesiologie und Energie-Balance

## 5.1 Streß als zentrales Thema der Kinesiologie

Die Kinesiologie erforscht den Zusammenhang von Streß und Muskeln. Körperlicher, geistiger und emotionaler Streß wird durch den Muskeltest festgestellt und mit einfachen Methoden aufgelöst. Streß ist damit ein zentrales Thema der Kinesiologie. Ist das Gleichgewicht, die Balance von Körper, Geist und Seele gestört, liegt für sie Streß vor. Streßfaktoren können innere und äußere Einflüsse sein.

Streß zeigt sich im Zustand der Muskulatur, z.B.

• ob ein Muskel stark oder schwach ist
• bei Rückenschmerzen
• bei Nacken- und Schulterverspannungen
• bei Kopf- und Magenschmerzen
• bei Denkblockaden
• bei emotionalem Blackout.

Aber auch das Umgekehrte ist denkbar, daß sich z.B. Anspannung und Blockaden auf das Denken und die Gemütsverfassung auswirken *(s. Abb. 18)*.

Die Kinesiologie greift in diese blockierten Fließsysteme, die Körper-Geist-Psycho-Prozesse, z.B. das Nerven- und Meridian-Energie-System, ein. Blockierungen werden aufgelöst, so daß die Energie wieder fließen kann und die Muskelverspannung sowie der Streß sich lösen.
Entspannung und Energetisierung sind damit die Schlüsselworte der Therapie.

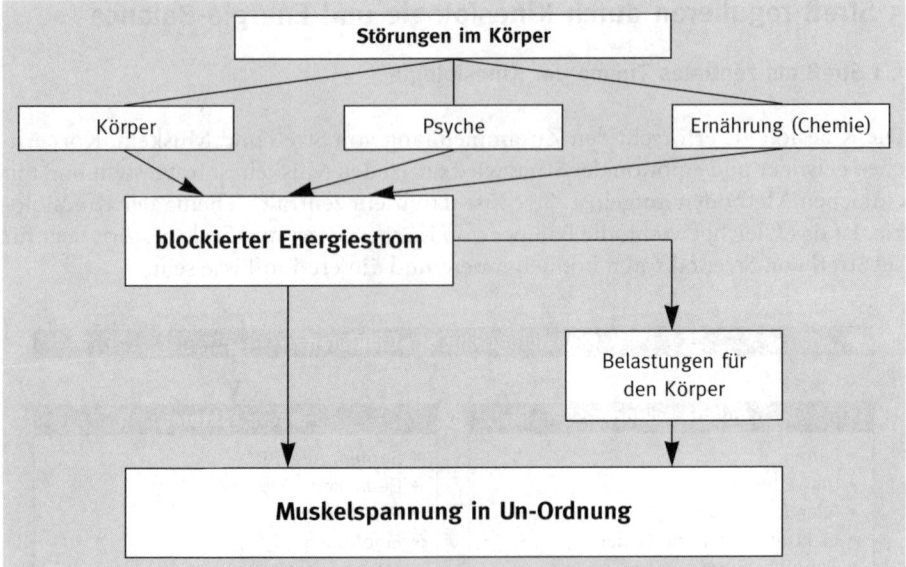

**Abb. 18** Wechselseitige Beeinflußung von körperlicher Verfassung und Streß

### 5.1.1 Was ist Kinesiologie?

Die Kinesiologie ist eine ganzheitliche Selbsttherapie- und Behandlungsmethode. Sie verbindet traditionelle Verfahren, wie das Energiemodell der chinesischen Akupunktur *(s. Abb. 20)* mit neuen Erkenntnissen, z.B. aus dem Neurolinguistischen Programmieren (NLP) und der Bewegungslehre.

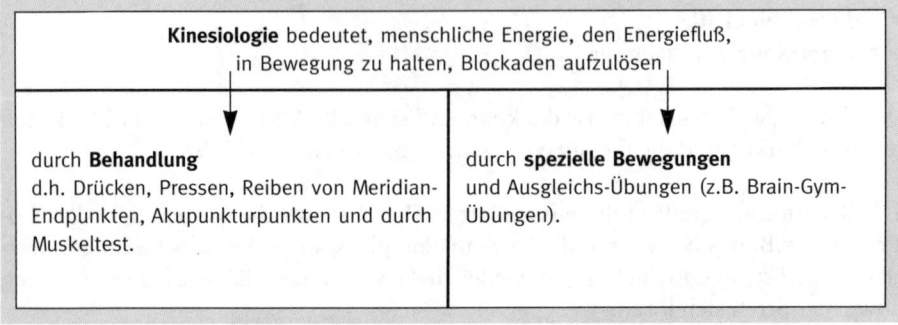

**Abb. 19** Was ist Kinesiologie?

Energie bewegt sich in unserem Körper in Bahnen (Meridianen), in Energiekreisläufen.
Es handelt sich dabei um energetische Fließsysteme im Körper, Geist und Psyche, um eine Art „Bioenergetik".

**Meridiane: Das „Straßennetz" der Energie im Körper**

Die Energie-Meridiane verbinden nach einem bestimmten Plan Körperstellen. Sie führen teilweise auch zu Organen.

Die Energie wird über Meridiane in unserem Körper verteilt. Der Körper ist durchlässig für die Energie.
Durch die Energie ist unser Körper mit der Umgebung und der Natur verbunden. Energie ist im Körper in ständiger Bewegung.

Das Netz der Meridiane ist vergleichbar mit den Straßen einer Stadt oder eines Landes. Diese verbinden bestimmte Orte (Organe) und kreuzen sich.

Vermutlich fließt die Energie in wesentlichen Muskelsträngen, Bändern, Sehnen und im Bindegewebe. Viele Akupunktur- und Akupressurstellen befinden sich dort.

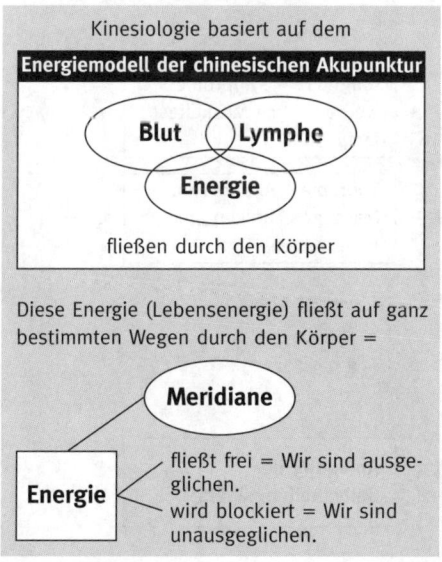

Abb. **20** Energiemodell

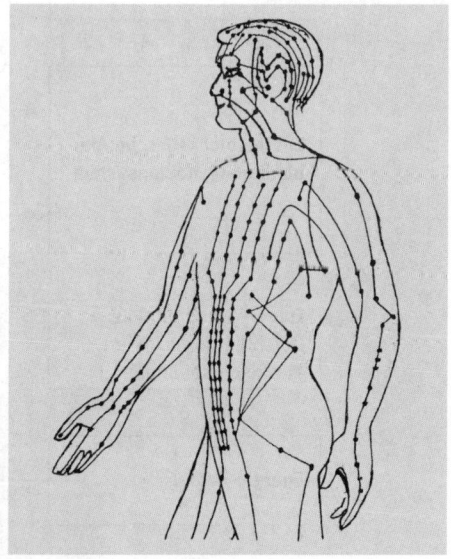

Abb. **21** Meridiane – Lebensenergie-Leitbahnen

In der Kinesiologie unterscheidet man drei Hauptbereiche der Angewandten Kinesiologie:

### 1. Health Kinesiologie

Hierbei handelt es sich um den energetisch-körperlichen Bereich. Mit verschiedenen Muskeltests werden Energieblockaden in den Meridianen, d.h. im Akupunktursystem festgestellt und behandelt (z.B. durch Akupressur und Massagetechniken).

Die Massage der Reflexzonen aktiviert den Lymphabfluß, die Durchblutung und die Muskelentspannung. Dadurch entsteht eine Energie-Balance, welche die Selbstheilungskräfte anregt.

Die Ursachen der Energieblockaden, wie Unverträglichkeit von Nahrungsmitteln, fehlende Mineralien und Spurenelemente, Elektrosmog u.a. lassen sich durch Muskeltest feststellen *(s. Abb. 22)*.

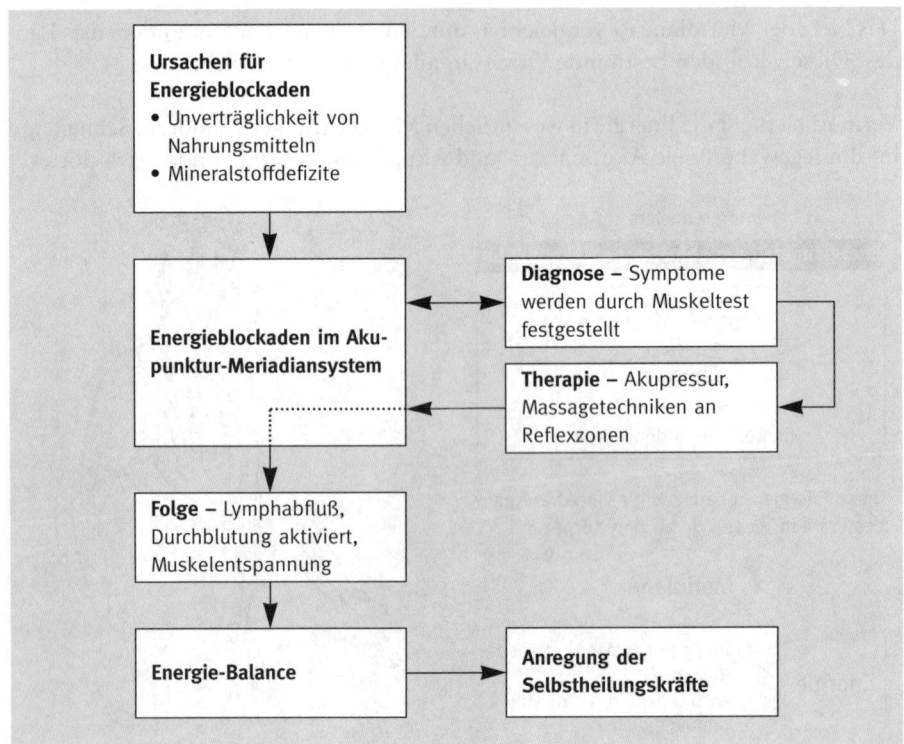

**Abb. 22** Health Kinesiologie

## 2. Educational-Kinesiologie

Gegenstand der Edu-Kinesiologie ist die Beseitigung von Lernstreß, Lernschwierigkeiten, Konzentrations- und Aufmerksamkeitsstörungen, Legasthenie, Hyperaktivität.
Ursache hierfür ist oft die fehlende Zusammenarbeit der beiden Gehirnhälften.

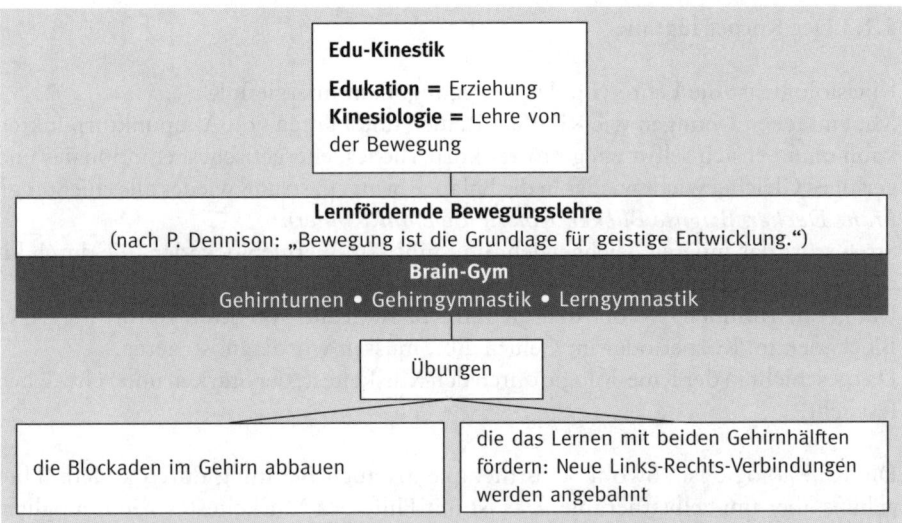

**Abb. 23** Educational-Kinestik

### Woran erkennt man, daß die Energie fließt?

Wir haben alle schon die Energie (Qi) gespürt:

• Wenn wir gähnen, spüren wir, daß so etwas wie Wärme oder Kälte über den Rücken zum Kopf fließt.
• Wenn uns manchmal eine Gänsehaut überkommt.
• Wenn uns Tränen in die Augen treten.
• Auch eine Berührung der Fußsohle spüren wir im ganzen Körper.
• Kälte kann bis in die Knochen vordringen, so daß wir krank davon werden.
• Aufregungen mit Herzklopfen und Schweißausbrüchen liegt eine Energiebewegung zugrunde.
• Das Erröten und Schwitzen in peinlichen Situationen.
• Zärtliche Gefühle und sexuelle Erregung.
• Mit bestimmten Menschen funke ich auf der gleichen Wellenlänge.

Durch gezielte Bewegungsübungen (Brain-Gym) verbessert sich die Gehirnintegration.

### 3. Psycho-Kinesiologie

Hier geht es primär um das Feststellen und Behandeln von emotionalen Blockaden, Ängsten, Phobien, Beziehungsproblemen, Prüfungsängsten, aber auch von Gesundheitsstörungen und Krankheiten, welche durch Streß oder durch nicht verarbeitete Erlebnisse und Erfahrungen entstanden sind.

### 5.1.2 Der Körper lügt nie

Kinesiologie ist die Lehre von der Bewegung, dem Energiefluß.

Mit einfachen Übungen wie Klopfen, Reiben und Halten von Akupunkturpunkten kann man bei sich selbst ein gestörtes körperliches, energetisches, emotionales und geistiges Gleichgewicht wieder in die Balance bringen, so daß wieder alles fließt *(vgl. Franz Decker, Brigitte Bäcker, Kinesiologie mit Kindern).*

Streß stört das innere Gleichgewicht und führt zu Energieblockaden, die durch kinesiologische Übungen wieder aufgelöst werden können.

Um herauszufinden, wo der Energiefluß z.B. aufgrund von Streß gestört ist, wo es Blockaden im Körper oder im Gehirn gibt, müssen wir diagnostizieren.

Das geschieht in der Kinesiologie durch den Muskeltest, der Stärken und Schwächen feststellt.

Die Kinesiologie ist sowohl Selbsttherapie als auch Beratung durch andere. Hier geht es aber um Selbsttherapie. Das ist mit Hilfe des Muskeltestes kaum möglich, weil man die eigenen Muskeln nur schwer testen kann. Wir empfehlen deshalb andere kinesiologische Anti-Streß-Methoden, die jeder für sich selbst durchführen kann. Noch besser ist es, wenn er sie zuvor mit einem Berater geübt hat.

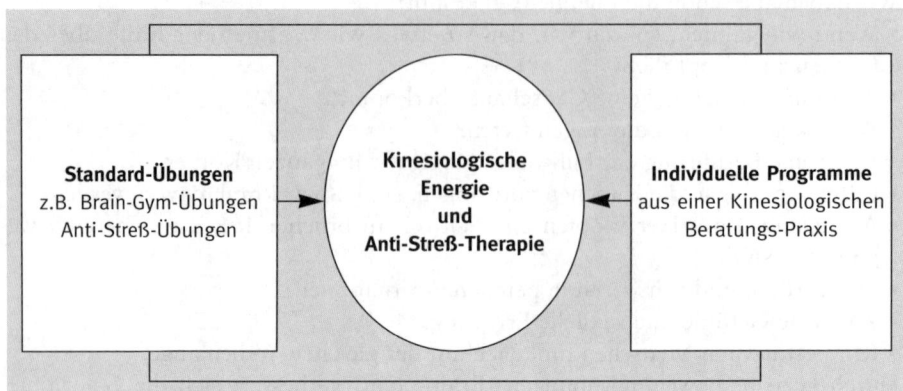

**Abb. 24** Behandlung durch Kinesiologie

### 5.1.3 Muskeltest

Alles, was wir erleben, sehen, hören, denken oder tun hat einen Einfluß auf Körper, Geist und Psyche. Es schwächt oder stärkt uns. Um diese Einflüsse herauszufinden, benutzen Kinesiologen/Innen bzw. Gesundheitsberater/Innen den Muskeltest.

Der Muskeltest ist ein Rückmeldesystem, um Spannungen und Blockaden im Körper festzustellen. Die folgenden Übersichten zeigen die Durchführung des Muskeltests.

**Wie wirkt der Muskeltest?**
Während des Testens wird der Muskel durch den Druck leicht gedehnt. Die Spindelzellen im Muskel registrieren dies. Sie geben diese Information an das Rückenmark weiter. Passiert diese Information den motorischen Teil des Rückenmarks, zieht sich der getestete Muskel reflexartig zusammen. Er wirkt dann stark in unserer Wahrnehmung.

Wird jedoch dieser Reflex aus einem bestimmten Grund verzögert oder behindert, empfinden wir den Muskel als schwach.

Anlässe für diese Verzögerung können sein:
• Mitteilungen von Körperteilen (z.B. Gliedmaßen, Gelenken, Gehirn) über Blockaden
• Sinneswahrnehmungen, die wir als angenehm bzw. unangenehm empfinden
• Starke Emotionen und gedanklicher Streß

---

**Bereiten Sie sich auf den Muskeltest vor**

Steigern Sie Ihr Körperbewußtsein durch Switching on (Einschalten):

Durch Rubbeln von drei „Verbindungen" kommt Energie ins Gleichgewicht:

**1. Rechts-Links-Koordination**     **2. Oben-Unten-Koordination**     **3. Vorne-Hinten-Koordination**

## ✍ Probetest

1. Testperson hält beide Arme im 45 Grad Winkel nach vorne ausgestreckt.

2. Drücken Sie mit sanftem Druck die Arme nach hinten.

3. Wiederholen Sie dies bei seitlich angelegten Armen mit Zugrichtung nach vorne oben.
   Zwei Sekunden lang halten.
   Der Arm wird entweder „sperren" = fest bleiben oder „entriegeln" = nachgeben.

4. Entriegelt der Muskel (Nachgeben),
   - legt die Testperson eine Hand auf den „Weichpunkt" (vordere Fontanelle) des Kopfes und
   - reibt die Zwischenräume der Rippen (zwischen den Brüsten neben dem Brustbein).

5. Jetzt schalten Sie den Muskel manuell ab: Schieben Sie die Oberarm-Muskeln in der Mitte zusammen. Dadurch wird er geschwächt.

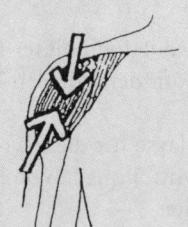

6. Schalten Sie nun die Muskeln wieder an, indem Sie sie in der Mitte auseinanderziehen.

7. Schalten Sie jetzt die Muskeln durch Streß ab: Bitten Sie die Testperson, an etwas Schreckliches zu denken und testen Sie dann.
   Die Muskeln sollten entriegeln, nachgeben.

8. Bitten Sie die Testperson, an etwas Angenehmes zu denken. Die Muskeln sollten sperren, fest bleiben.

Nun können Sie mit dem eigentlichen Testvorgang beginnen. Die Vortests sind abgeschlossen.

## ✏ Muskeltest

Machen Sie mit einem Partner folgenden Versuch:

1. Der Partner stellt sich gerade und aufrecht hin und

2. streckt seinen rechten oder linken Arm zur Seite aus.

3. Sie drücken ihm am Handgelenk für ca. 1 Sekunde den Arm leicht nach unten, während

4. der Partner leicht dagegen hält. Er bringt also Spannung in den Muskel.

5. Dann sagt der Partner „Ja"
   → Muskel bleibt stark, er sperrt beim Drücken durch den Tester.
   Dann sagt Partner „Nein"
   → Der Arm geht leicht nach unten beim Drücken durch den Tester.
   Nun wieder „Ja" sagen
   → Muskel bleibt stark.

6. Jetzt leicht in den Muskel zwicken.
   Es gibt auch Tester, die sanft über die gezwickte Stelle streichen.
   → Muskel bleibt stark.

**Weitere Versuche mit Muskeltests**

1. Klient nimmt ein Stück Plastik oder eine Zigarette in die Hand und wird getestet.

2. Klient legt ein Stück Zucker auf die Zunge und wird wie oben getestet.

3. Der Partner hält einen Apfel oder anderes Obst in der Hand.

4. Sie sagen einen falschen Namen.

5. Sie halten unterhalb des Bauchnabels ein Nahrungsmittel, von dem Sie annehmen, daß Sie dagegen allergisch sind und testen sich mit dem Muskeltest. Gibt der Muskel nach, liegt wahrscheinlich eine Allergie dagegen vor.

## 5.2 Kinesiologische Methoden zum Streßabbau

Die folgenden Methoden fördern die Ausgeglichenheit der Körperenergien und bauen damit Streß ab. Balance-Übungen koordinieren das Zusammenspiel des Körpers, der beiden Gehirnhälften sowie von Körper, Gehirn und Gefühl.

### Methode 1: Wasser trinken

„Wasser ist der Streßlöser und Gehirntreibstoff Nummer eins" (Sharon Promislow). Wasser ermöglicht die zügige Weiterleitung der elektrischen Impulse im Körper, Befehle des Gehirns an die Muskeln sowie das Feedback von dort zurück zum Gehirn. Wasser umgeht den Verdauungsprozeß und wirkt im Gegensatz zu anderen Flüssigkeiten sofort.

In seinem Buch „*Gesund durch Berühren*" erklärt *John Thie:*

*„Wir können Wasser nicht durch eine andere Flüssigkeit ersetzen, genausowenig wie wir die Autobatterie mit Milch, das Dampfbügeleisen mit Tomatensaft füllen oder die Fenster mit Kaffee putzen würden."*

Übrigens:
Koffein ist harntreibend. Daher sollten wir, um den „Wasserstand" im Körper zu halten, für jede Tasse Kaffee ein Glas Wasser zusätzlich trinken.

Warum ist Wasser wichtig?
• Es leitet die Abfallstoffe und Gifte aus dem Körper aus und unterstützt dadurch das Lymphsystem in seinen Aufgaben.
• Es ermöglicht dem Blut 100 bis 1000mal mehr Sauerstoff zu binden.
• Es erhöht die Energie, verbessert die Konzentration, die geistige und körperliche Koordination und die Lernfähigkeit.
• Es wirkt damit wie ein Zünder für das Gehirn.

Bei körperlicher Arbeit und bei Streß sollte man täglich etwa 2 bis 3 Liter Wasser trinken.

**✎ Lernen Sie Ihren Flüssigkeitsbedarf zu decken**

Trinken Sie jetzt ein Glas Wasser.

Beachten Sie dabei folgende Informationen:

• Trinken Sie täglich pro 10 kg Körpergewicht 200 ml Wasser (1 Glas).
• Trinken Sie zusätzlich 1 Glas Wasser für jede Tasse Kaffee oder für jedes andere koffeinhaltige Getränk.
• Trinken Sie zusätzlich 2 Gläser Wasser für jedes alkoholische Getränk.
• Trinken Sie bei reichlich körperlicher Betätigung noch mehr!

Achtung: Wasser nicht durch andere Flüssigkeiten ersetzen!

## Methode 2: Stirnhöcker-Übung

Die Stirnhöcker-Übung oder Positive-Punkte-Übung zählt zu den klassischen kinesiologischen Übungen. Sie geschieht durch leichtes Berühren der Stirnhöcker.

Stirnhöcker sind die beiden kleinen Erhebungen zwischen Augenbrauen und Haaransatz. Es sind Reflexpunkte, die bestimmte Gehirnbereiche stimulieren.

Wenn wir zwei Finger oder auch die Hand sanft auf die Stirnhöcker legen, aktivieren wir den Stirnlappen der Großhirnrinde. Hier ist unser Kreativitätszentrum. Hier werden neue Gedanken- und Verhaltensmuster „geboren".

Bei Streß ist vor allem der hintere Teil des Gehirns aktiv. Der vordere Bereich ist dann blockiert und auch nicht kreativ.

Durch das Berühren der Stirnhöcker kommt Bewegung in den Streßvorgang.
Wir denken an das Streß-Problem oder spielen das streßauslösende Ereignis mehrere Male durch, bis wir es loslassen, d.h. uns nicht mehr darauf konzentrieren können.

Nach 1–10 Minuten tritt eine spürbare Erleichterung ein. Jetzt können wir die Energie statt für den Streß oder das Problem für seine Lösung verwenden.

Die folgenden Übungen können helfen
• Streßhormone abzubauen
• negative Gewohnheiten abzulegen
• sich von negativen Denkweisen loszusagen
• Lernbehinderungen zu überwinden
• Problemlösungen zu erarbeiten
• Prüfungsängste zu lindern.

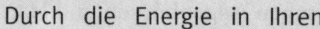 **Lernen Sie Ihren Streß loszulassen**

Wenn Sie unter Druck stehen, sich verletzt oder schockiert fühlen, können Sie diesen Streß durch das Halten Ihrer positiven Punkte entschärfen. Berühren Sie Ihre positiven Punkte, während Sie Streßprobleme durchdenken, sich vorstellen oder darüber sprechen.

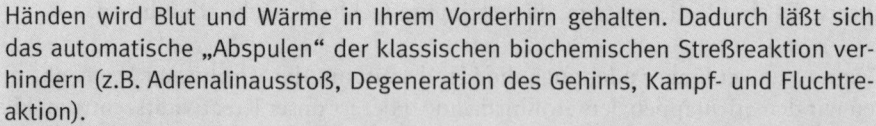

Durch die Energie in Ihren Händen wird Blut und Wärme in Ihrem Vorderhirn gehalten. Dadurch läßt sich das automatische „Abspulen" der klassischen biochemischen Streßreaktion verhindern (z.B. Adrenalinausstoß, Degeneration des Gehirns, Kampf- und Fluchtreaktion).

So läßt sich der Einfluß streßreicher Erinnerungen oder Ängste brechen bzw. neutralisieren.

Wenn wir diese Übung am Abend machen, können wir den Tages-Streß ablegen und gut schlafen.

Die Übung ist aber auch in allen Überforderungssituationen sinnvoll.

**Übungsablauf :**
Halten Sie Ihre Hände auf Ihre Stirnhöcker.
Wenn Sie nervös oder ängstlich sind, wenn Sie an etwas Streßauslösendes denken, berühren Sie diese positiven Punkte auf Ihrer Stirn sanft wenige Minuten lang.
Wenn die Gedanken keinen Streß mehr verursachen, wird auch das Blut wieder der Großhirnrinde zugeführt.

## 5.2.1 Energie mobilisieren

Manchmal treffen wir Menschen, Kollegen, die mit gebeugten Schultern, mißmutig und mit verdrossenem Gesicht daherkommen. Die Energie reicht nicht mehr für einen aufrechten Gang und ein freundliches, powervolles Auftreten. Wir kennen aber auch Menschen voller Energie und Lebenskraft, freudestrahlend, voller Tatendrang.

*„Energie ist die Quelle körperlichen, geistigen und emotionalen Wohlbefindens, unserer Lebensfeude und Leistungsfähigkeit."*
*(Franz Decker, Brigitte Bäcker, Kinesiologie mit Kindern)*

Ohne Energie arbeiten Körper, Geist und Psyche nicht richtig, haben wir keine wachen Gefühle, können wir keinen klaren Gedanken fassen, unsere geistigen Aufgaben nicht erfüllen und auf Dauer gesund bleiben.
Chronische Müdigkeit, Stimmungsschwankungen, Nicht-Gut-Draufsein, scheinen eine Zivilisationserscheinung zu sein. Ursache ist oft der gestörte Energiefluß, sind Energieblockaden *(vgl. F. Decker, Energie-Balance finden und F. Decker, Übungen zur Energie-Balance).*

### Kinesiologische Hilfe gegen Energiemangel und Kraftlosigkeit

Durch den Muskeltest können wir feststellen, wo die Energie blockiert.
Durch die Behandlung (z.B. Bewegungsübungen, Berühren und Klopfen von Meridianpunkten) können die Energie-Fließsysteme (z.B. der Gallenmeridian) wieder aktiviert werden.
Das hat dann auch eine positive Wirkung auf die Organe (z.B. die Gallenblase) und das zugeordnete Gefühlsspektrum (z.B. Wut, Entscheidungsschwäche).
Mit Übungen wie den folgenden tun wir etwas für unseren Energiehaushalt, die Energiebalance und gleichen damit die streßbedingten Energiedefizite aus.
Denn je weniger Kraft wir zur Verfügung haben, je schneller sind wir im Streß, je mehr müssen wir uns anstrengen, um unsere Alltagsaufgaben zu erledigen.

Die folgende Technik, die von *Hap und E. Barhydt* in ihrem Buch *„Self Help for Stress and Pain"* entwickelt wurde, alarmiert und aktiviert die Hauptfunktionskreise des Körpers und balanciert das elektrische Signalsystem.
Das ist eine große Hilfe, wenn Sie z.B. aufgrund von Streß
nicht mehr klar denken können,
sich verwirrt fühlen, keinen klaren Gedanken fassen können.

## ✐ Betätigen Sie Ihre Hauptschaltknöpfe für den Energiestrom

1. Legen Sie alle fünf Finger einer Hand um den Nabel, mit dem Daumen nach oben.
   Mit der anderen Hand massieren Sie den Akupunktur-punkt Niere 27. Diese beiden Nierenmeridiane liegen in den Vertiefungen unterhalb Ihres Schlüsselbeins, rechts und links vom Brustbein.

   Bei diesen Punkten handelt es sich um die Hauptschalt-knöpfe für das elektromagnetische System des Körpers. Sie stimulieren auch das Sehzentrum des Gehirns.

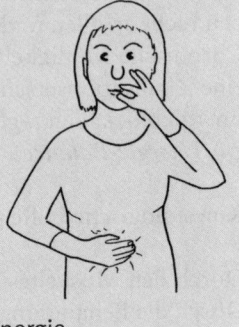

2. Massieren Sie jetzt, während die eine Hand noch um den Nabel herum liegt, die zwei Punkte oberhalb der Ober-lippe und unterhalb der Unterlippe.
   Damit stimulieren sie zwei wichtige Meridiane: Das Zen-tral- und das Gouverneursgefäß.

   Mit einer solchen einfachen Übung
   korrigieren Sie die „Fehlleistung" von Reizen,
   die Zentrierung,
   die Rechts- oder Linkshirndominanz
   sowie die Muskelschwäche wegen zu geringer Meridianenergie.

## 🖉 Atmen Sie wechselseitig

Tiefes, wechselseitiges Atmen gilt schon immer als wirksam bei Streßabbau und Entspannung. Der Atemstrom wechselt dabei regelmäßig von einem Nasenloch zum anderen. Dieses Wechseln setzt bei Streß aus. Damit beginnt die Unausgeglichenheit im Körper.

Atmen durch die Nase kühlt den Hypothalamus, der die Gehirnchemikalien überwacht und die Stimmung beeinflußt. Der Atemzyklus ist mit dem Wechsel der Gehirnhälftendominanz verbunden (S. PROMISLOW).

Atmen durch das rechte Nasenloch
bedeutet Dominanz der linken Gehirnhälfte und geht einher mit Phasen verstärkter Aktivität.

Atmen durch das linke Nasenloch
bedeutet Dominanz der rechten Gehirnhälfte und entspricht eher ruhigen Phasen.

Bei Streß oder wenn Sie mit der Verarbeitung eines Problems in einer Gehirnhälfte „festhängen", läßt sich Ihre Stimmung beeinflussen, indem Sie durch Ihr „verstopftes" Nasenloch atmen.

**Ziel der Übung:**
• Gehirn und Körper balancieren, so daß man sich entspannen und besser denken kann.
• Gehirnsynchronisation, Problemlösungsfähigkeit und Stimmung verbessern.

**Durchführung:**
• Legen Sie Ihre Zunge an den Gaumen.
• Halten Sie ein Nasenloch zu und atmen Sie ein.
• Dann halten Sie das andere Nasenloch zu und atmen Sie aus.
• Wiederholen Sie dies dreimal.
• Wechseln Sie die Seiten: Atmen Sie ein durch das Nasenloch, das vorher ausatmete und atmen Sie nun durch das andere Nasenloch aus.
• Wiederholen Sie auch dies dreimal.

## ✐ Pushen Sie Ihre Energie durch Ohrenmassage

**Ziel der Übung:**
• Aktivieren des ganzen Körpers und des Energieflußes
  in den Meridianen (Ohrakupunktur).
• Aufmerksamkeit des Hörens und Denkens fördern
  (Denkmütze).

**Durchführung:**
• „Entrollen" Sie mehrmals hintereinander Ihre Ohrläppchen von oben nach unten.
• Ziehen Sie diese dabei durch sanfte Massage leicht
  nach außen.

## ✐ Entwickeln Sie Energie durch Anspannung der Po-Muskeln

**Ziel der Übung:**
Der Pubococcygeus-Muskel (Po-Muskel) entwickelt bei Anspannung starke Energien, die über das Rückenmark in der Wirbelsäule zum Gehirn gelangen und die
Konzentration und Leistungsfähigkeit erhöhen, die Stimmung und Launen verbessern sowie mehr Ruhe bringen.

**Durchführung:**
• Setzen Sie sich gerade auf einen Stuhl (Wirbelsäule gerade).
• Entspannen Sie die Muskeln so gut wie möglich.
• Schließen Sie die Augen, Kopf leicht nach vorne, alles locker lassen.
• Spannen Sie Ihre Pomuskeln fest an. Pobacken zusammenkneifen. Am besten:
  Sie stellen sich vor, Sie müßten dringend aufs Klo. Auch von vorne anspannen.
• Halten Sie diese Spannung 3 Sekunden lang.
• Atmen Sie dabei langsam und tief ein.
• Atmen Sie dann aus und lösen die Spannung.

Wiederholen Sie die Übung etwa 10 mal.
Spüren Sie nach der Übung ein Kribbeln oder leichtes Ziehen am Rücken, am Ende der Wirbelsäule?

## Cook-Energie-Übung

**Ziel der Übung:**

Durch die Cook-Übung werden alle Energie-Kreisläufe im Körper verbunden. Sie bringt die elektrische Energie wieder in Fluß, wenn sie blockiert ist. Das Grundmuster der Übung ist eine Acht (Achterfigur) für Arme und Beine. Sie folgt dem Fluß der Energielinien des Körpers. Durch diese Übung erlangen Sie eine größere Ruhe und ein besseres Gleichgewicht in Körper, Geist und Psyche. Durch das Berühren der Fingerspitzen am Schluß der Übung balancieren und verbinden Sie beide Gehirnhälften. So können Sie sich sammeln und vom Streß befreien.

**Durchführung:**

- Ziehen Sie Ihre Schuhe aus und setzen Sie sich auf einen Stuhl, aufrecht und locker.

- Sind Sie Rechtshänder, dann halten Sie mit der rechten Hand Ihr linkes Bein oberhalb des Fußgelenkes. Das Fußgelenk liegt genau über dem Kniegelenk auf dem Oberschenkel des rechten Beines.

- Umfassen sie nun gleichzeitig mit der linken Hand den vorderen Teil Ihres linken Fußes, so daß sie soviel wie möglich von der Ober- und Unterseite des vorderen Teils Ihres Fußes berühren.
  Legen Sie dazu Ihre Handfläche an die Fußsohle und umgreifen Sie mit den Fingern noch möglichst viel von der Fußoberseite. (Als Linkshänder tun sie dasselbe spiegelverkehrt).

- Bleiben Sie eine Minute lang in dieser Stellung und atmen Sie dabei ruhig ein und aus. Bei jedem Einatmen legen Sie die Zungenspitze gegen den Gaumen, genau hinter den Vorderzähnen. Beim Ausatmen lassen Sie die Zunge wieder entspannt in die Mundhöhle sinken.

- Jetzt wechseln sie nach einer kurzen Pause die Beinstellung.

- Zum Abschluß stellen Sie beide Beine auf den Boden und führen sie Ihre Hände vor der Körpermitte zusammen, so daß sich die Fingerspitzen der beiden Hände berühren.

## ✏ Lösen Sie einseitige Energieblockaden

**Ziel der Übung:**

Diese Übung hilft, beide Gehirnhälften zu synchronisieren und einseitige Energieblockaden auf-zulösen. Da jede Gehirnhälfte die gegenüberliegende Körperseite steuert, aktiviert man mit Über-kreuzübungen beide Gehirnhälften. Manche Menschen haben Schwierigkeiten, beide Gehirn-hälften zu koordinieren, mit dem ganzen Hirn zu denken, zu fühlen, zu empfinden.

Auch Streß ist oft einer Gehirnhälfte zuzurechnen, z.B. emotionaler Streß und kognitiver Streß. Für viele Menschen ist es schon ein Streß, beide Gehirnhälften gleichzeitig zu benutzen, weil die Kommunikation über das Corpus callosum zu schwach ist. Das Corpus callosum ist ein Quer-balken aus Nervensträngen, der beide Gehirnhälften verbindet.

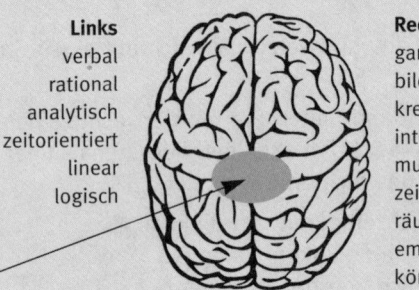

**Links**
verbal
rational
analytisch
zeitorientiert
linear
logisch

**Rechts**
ganzeitlich
bildhaft
kreativ
intuitiv
musisch
zeitlos
räumlich
emotional
körperorientiert

**Corpus callosum**

Die Überkreuzbahnung fördert die Kommunikation zwischen beiden Gehirnhälften. So kann das Gehirn je nach Problem- bzw. Aufgabenstellung getrennt links- oder rechtshirnig arbeiten oder integriert (beidseitig). Meist brauche ich beide Gehirnhälften, z.B. wenn ich gleichzeitig denke und etwas tue. Wenn mir diese Synchronisation schwerfällt, hilft diese Überkreuzübung.

**Durchführung:**

• Gehen Sie überkreuz im Raum oder auf der Stelle. Führen Sie z.B. Ih-re linke Hand und das rechte Bein gleichzeitig nach vorne (6 bis 7 mal). Das aktiviert beide Gehirnhälften.

• Schalten Sie nun um auf einseitiges Gehen. Arm und Bein der glei-chen Körperseite bewegen sich gleichzeitig nach vorne (6 bis 7 mal). Dadurch wird jeweils nur eine Gehirnhälfte aktiviert.

• Gehen Sie jetzt abwechselnd überkreuz und einseitig, jeweils zwei Schritte. Das ganze 6 oder 7 mal bzw. bis der Wechsel reibungslos funk-tioniert. Hören Sie immer mit Überkreuzgehen auf.

Während Sie überkreuz gehen, denken sie an eine streßbesetzte Situation (z.B. Konflikt, Angst vor Vortrag). Der Streß wird abgebaut, die einseitige Gehirn-überforderung verringert sich.

## 5.2.2 Lernstreß abbauen

Zunehmend klagen Kinder in der Schule, aber auch Erwachsene, die sich weiterbilden wollen (müssen), über Lernstreß. Wir leben in einer Lern- und Wissensgesellschaft. Lernen wird zum zentralen Teil der Arbeit *(Vgl. Albert + Franz Decker, Ausgelernt gibt's nicht)*. Lernen soll immer produktiver geschehen und verlangt immer mehr Kraft und bringt damit immer mehr Streß.

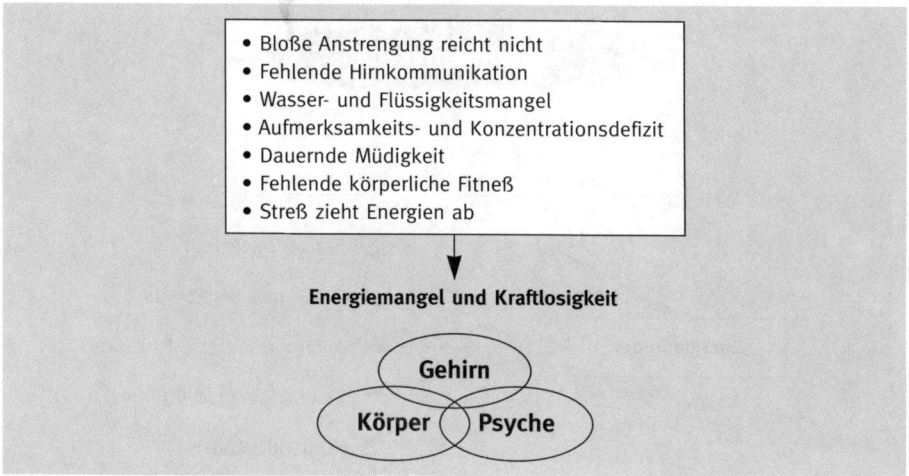

Abb. 25 Blockierte Energie – Blockiertes Lernen

### Gestreßte Kinder

Bis zu 30 Prozent der Zwölf- bis Sechzehnjährigen in Deutschland leiden an Allergien, Asthma, Bronchitis, Hautausschlägen und Neurodermitis. Dieses Resultat erbrachte eine Untersuchung der Universität Bielefeld an über 100 Schulen.
Während die klassischen Kinderkrankheiten in den letzten zwanzig Jahren deutlich abgenommen haben, gibt es einen dramatischen Anstieg bei Allergien. Nach der Studie klagt bei den Neun- bis Elfjährigen jedes vierte Kind über mindestens eine allergische Reaktion.
Die Forscher sehen die Ursachen dafür in den Überforderungen, denen Kinder und Jugendliche zu Hause und in der Schule ausgesetzt sind. Sie leiden unter den Beziehungskrisen ihrer Eltern, unter Streß und Reizüberflutung.
Ein solcher Lernstreß führt zu blockierter Energie und dies führt zu blockiertem Lernen.

Die Ursachen für diesen Lernstreß sind vielfältig. Sie liegen am Lernenden, aber auch in den Lernbedingungen und in der modernen Lebensweise und Zivilisation. Auch falsches Sitzen blockiert.

In Verbindung mit der modernen Erregungsgesellschaft, in der wir leben, mit Lärm, Medien, Hektik kommt es zunehmend zu Blockaden. Es fehlt an Ausgleich, an Gleichgewicht. Oft wird der Körper vernachlässigt, Entspannung kommt zu kurz, das Gehirn wird einseitig belastet.

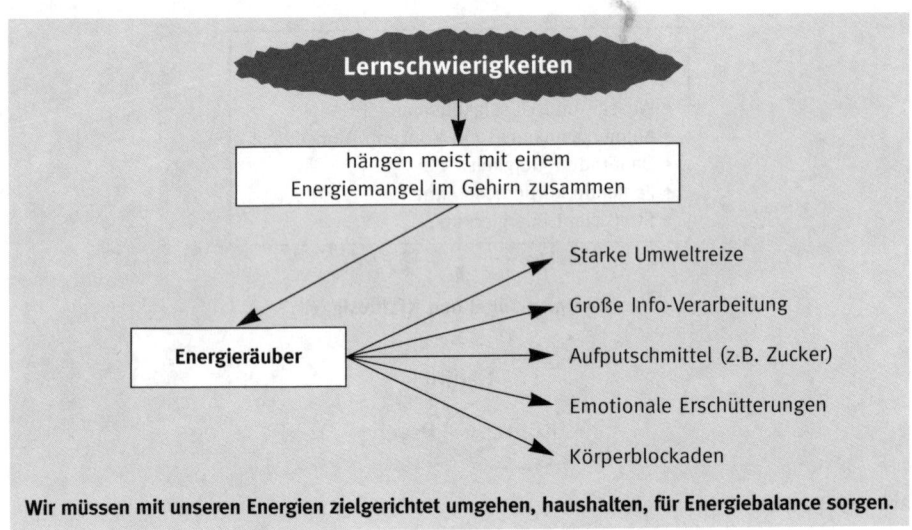

**Abb. 26** Zusammenhang von Lernschwierigkeiten und Energiemangel

Im folgenden einige Ausgleichsübungen.

**Richtiges Sitzen verhindert Verspannungen**

Was tun bei ungeeigneten Sitzmöbeln? Oft haben wir Sitzgelegenheiten, die sich nicht dazu eignen, in aufrechter Köperhaltung zu sitzen. Wie Sie trotzdem gerade sitzen können, zeigen folgende Bilder:

Stuhllehne
zum Abstützen
des Oberkörpers
benutzen.

Bei weichen
Polstermöbeln
Rücken
mit Kissen
unterstützen.

Dem Rücken eine improvisierte Stütze bauen (mit Pullover oder Decke).

Improvisiertes Keilkissen (Pullover, Ordner).

## ✏ Streck- und Dehn-Pause

Sich dehnen bringt „Segen" ...

Sollten Sie ...

... sich verspannt fühlen,

... lange Zeit die gleiche Haltung eingenommen haben,

... immer die gleiche Bewegung machen,

... dann unterbrechen Sie Ihre Tätigkeit ab und zu und strecken Sie sich 2 bis 3 mal.

1. Machen Sie Ihre Muskeln locker, z.B. indem Sie sich genußvoll strecken und dazu gähnen. Verschränken Sie Ihre Hände in Bauchhöhe und dehnen Sie Ihre nach außen gerichteten Handflächen allmählich über den Kopf. Den Körper strecken und dabei auf die Zehenspitzen gehen.

2. Gehen Sie in Ihrem Körper spazieren. Spüren Sie, wo Sie Ihre Muskeln noch festhalten und geben Sie nach.

3. Vielen gelingt Entspannung erst nach vorheriger Anspannung. Wenn das der Fall ist, sollten Sie Ihre Muskeln von Kopf bis Fuß nacheinander zuerst anspannen und dann entspannen.

## ✏ Üben Sie zu atmen

**1. Lauschen Sie Ihrer Atmung: Gut für Entspannung und Konzentration.**

• Setzen Sie sich breitbeinig hin.

• Verschränken Sie die Hände vor dem Bauch.

• Lockern Sie die Brustmuskulatur und überlassen Sie die Atmung dem Zwerchfell.

**2. Legen Sie die Hände auf den Rücken: Spüren Sie Ihren Atem.**

• Legen Sie nacheinander einen Handrücken auf verschiedene Partien des Rückens.

• Spüren Sie, wie überall dort die Atembewegung lebhafter wird?

### Kerzentest

- Blasen Sie die Luft durch den Mund aus, als wenn Sie eine imaginäre Kerze ausblasen wollten. – So lange, wie irgend möglich.
- Das Einatmen kommt wieder von selbst.

### 5.2.3 Den Geist aktivieren

Der Streß wirkt auch auf unser Gehirn und unsere geistige Aktivität. Gehirn-Gesundheitsstörungen und „Geistes-Krankheiten" nehmen immer mehr zu. Das beeinflußt nicht nur das Lernen und die Leistungsfähigkeit, sondern auch das vom Gehirn gesteuerte Wohlbefinden, unsere Stimmungen und die emotionale Intelligenz.

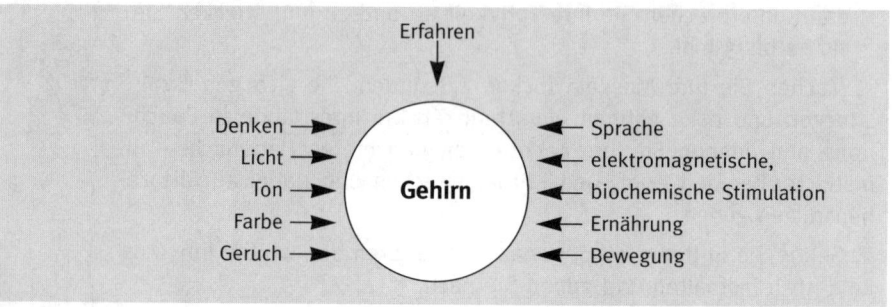

**Abb. 27** Reizfelder des Gehirns

Die Ursachen für den mentalen Streß sind vielfältig. Diese liegen generell in der Krise des modernen Lebens, die dazu führt, das unser Gehirn und damit unser Geist immer mehr unter Beschuß geraten. Das führt z.B. zu geistigen Blockaden und zum Aufmerksamkeits-Defizit-Syndrom mit seinen vielfältigen Störungen im Geistigen, Körperlichen und Emotionalen.

| Ursachen | Symptome |
| --- | --- |
| • Schlechte Ernährung | • Aufmerksamkeitsdefizite |
| • Streß | • Schlaflosigkeit |
| • Überreizung | • Hyperaktivität |
| • Umwelteinflüsse | • Konzentrationsstörung |
| • u.a. | • Schlechtes Gedächtnis |
| | • u.a. |

**Abb. 28** Aufmerksamkeits-Defizit-Syndrom (ADD-Syndrom)

Die meisten Menschen reagieren bei Streß mit Switching. Sie benutzen dann nur ihre linke Gehirnhälfte, weil die rechte abgeschaltet hat. Sie sind plötzlich nüchtern, rational, humor-, emotions- und einfallslos, nicht liebesfähig. Ist nur die rechte Gehirnhälfte arbeitsfähig, dann sind wir oft chaotisch, voller Phantasie und Emotionen. Der logische Verstand kann nicht mehr steuern. Menschen mit einem solchen Streßprofil sind dann verwirrt und reagieren unlogisch, stecken den Kopf oft in den Sand und laufen den Problemen davon, anstatt sie mit „allen Sinnen" zu lösen.

### ✒ Welche Gehirnhälfte schalten Sie bei Streß ab?

Stellen Sie sich eine Streß-Situation vor, z.B. Sie sollen unvorbereitet einen Vortrag vor einem großen Publikum halten. Denken sie intensiv daran, machen Sie sich dazu ein Bild vor Ihrem geistigen Auge. Das Bild jagt Ihnen einen Schrecken ein, Sie haben Angst.

In diesem Augenblick schaltet unter Streß eine Gehirnhälfte ab. Welche ist das bei Ihnen?

**Rechte Gehirnhälfte schaltet ab**
In dieser Situation, beim Vortrag, fällt Ihnen nichts ein. Sie sehen keine Zusammenhänge mehr, Gefühlsregungen stellen sich ein (z.B. Angst, schlechte Gefühle).

**Linke Gehirnhälfte schaltet ab**
Sie reden zusammenhanglos, nüchtern. Sie können nicht begeistern, sprechen nicht lebendig und einfühlsam, dafür rein intellektuell.

Wir brauchen also beide Gehirnhälften angeschaltet, um erfolgreich reden, arbeiten, lernen, lieben und leben zu können.

Die Kinesiologie hilft, daß der Energiefluß und die Präsenz von beiden Gehirnhälften vorhanden ist. Die folgenden Selbsthilfe-Übungen können dazu beitragen. Im Zentrum stehen dabei das von Dr. Paul Dennison, dem Begründer der Edu-Kinesiologie, und anderen entwickelte Brain-Gym-Programm zur Aktivierung und Regulierung der Gehirn- und Nerventätigkeit.

Durch die Bewegungen und das Drücken und Klopfen werden neurologische Vernetzungen geschaffen. Wir werden beweglicher, können Nachrichten besser aufnehmen, sind geistig aktiver, lernen leichter und werden selbstbewußter.

Eine solche Gehirn-Gymnastik
• stärkt das Gedächnis, die Aufmerksamkeit und Konzentration.
• verbessert die Fähigkeit, zuzuhören, zu verstehen und räumlich zu denken.
• verbessert die körperliche Koordination, die Haltung und Feinmotorik.

## ✐ Schalten Sie beide Gehirnhälften an

1. Setzen Sie sich aufrecht und entspannt hin. Atmen Sie sich frei.

2. Strecken Sie beide Arme zur Seite aus, die Handflächen sind nach vorne gerichtet.

3. Stellen Sie sich vor: In der linken Hand halten Sie Ihre linke Gehirnhälfte und in der rechten Hand Ihr rechtes Gehirn.

4. Führen Sie jetzt beide Hände langsam zusammen, so daß die Fingerspitzen sich leicht berühren.

5. Legen Sie jetzt Ihre Hände mit den Fingerspitzen aneinander in Ihren Schoß. So integrieren Sie beide Gehirnhälften. Stellen Sie sich dies vor und konzentrieren Sie sich ca. 1 Minute auf diese Ganzheit, bis Sie neue Energien, Klarheit und Gelassenheit bekommen.

## ✐ Aktivieren Sie Ihre „Gehirnknöpfe"

**Durchführung:**

• Setzen Sie sich gerade hin, locker und entkrampft.

• Die Füße berühren den Boden und Sie haben eine gute Unterstützung für Gesäß und Oberschenkel.

• Vom Hüftgelenk an etwas nach vorne beugen. Den Rücken nicht krümmen.

• Massieren Sie die Gehirnpunkte fest und langsam mit Daumen und einem anderen Finger. Die Punkte liegen rechts und links vom Brustbein unterhalb der Schlüsselbeine.
Die zweite Hand liegt ganz ruhig in der Nabelgegend.

• Nach ca. 1 Minute wechseln Sie die beiden Hände.

## ✏ Gehirn-Aktivierungsprogramm

### Denkmütze

Wenn wir nicht mehr gut zuhören können, unsere eigene Stimme besser hören und aufmerksamer werden möchten, dann setzen wir unsere Denkmütze auf, indem wir dreimal sanft dehnend unsere Ohren von innen nach außen entfalten.

### Energiegähnen

Energiegähnen weckt neue Energie, entspannt die Stimme und fördert die Kreativität.

Wir tun so, als würden wir gähnen und berühren mit den Fingerspitzen alle angespannten Punkte im Kieferbereich.

Wir machen ein tiefes, entspanntes Gähngeräusch und streichen die Anspannung weg.

### Balanceknöpfe

Wir berühren mit zwei Fingern die Vertiefung am Schädelansatz hinter einem Ohr. Die andere Hand liegt auf dem Bauchnabel.

Jetzt atmen wir die Energie nach oben.

Nach einer Minute wechseln wir die Hände und berühren die Vertiefung hinter dem anderen Ohr.

Das entspannt den Körper und macht den Geist wach (z.B. am Computer).

### Raumknöpfe

Die Raumknöpfe helfen, schnelle Entscheidungen bei der Arbeit zu treffen.

Wir legen zwei Finger über die Oberlippe, die andere Hand liegt auf dem Steißbein. Wir berühren diese Punkte eine Minute lang.

Währenddessen führen wir beim Einatmen Energie der Wirbelsäule entlang aufwärts.

### Erdknöpfe

Auch die Berührung der Erdknöpfe sind Energiebewegungen. Sie verstärken die Tätigkeit der linken Gehirnhälfte (das hilft bei rationalen Augaben wie z.B. Buchführung, Rechnen).

Wir legen zwei Finger unter die Unterlippe und die andere Hand auf die Oberkante des Schambeins.

Wir atmen die Energie in der Mitte des Körpers nach oben.

## ✏ Integrieren Sie Ihre beiden Gehirnhälften

### Übung 1: Liegende Acht

**Ziel der Übung:**

Integration von linker und rechter Gehirnhälfte, verbessertes peripheres Sehen und bessere Augenbeweglichkeit. Entschlüsseln und Wiederverschlüsseln der geschriebenen Sprache. Verbesserung des Leseverstehens.

Entspannen von Augen, Nacken und Schultern beim Fokussieren, verbesserte Tiefenschärfe, Verbessern von Balance, Koordination und Zentrierung.

**Durchführung:**

• Wir richten unseren Körper auf einen Mittelpunkt in Augenhöhe aus und beginnen, eine liegende Acht in der Luft zu zeichnen.
• Die Augen verfolgen diese das ganze Gesichtsfeld ausfüllende Bewegung.
• Wir beginnen an der Mittellinie mit der linken Hand, so daß die rechte Gehirnhälfte aktiviert wird, dann mit der rechten Hand.
• Insgesamt 3 bis 5 Wiederholungen.

### Übung 2: Elefant

**Ziel der Übung:**

Nackenmuskelverspannungen, die eine Verbindung zur Tonwahrnehmung haben, werden gelöst.

Aktivierung von Kurz- und Langzeitgedächtnis.

Integration von Sehen, Hören und Bewegen des ganzen Körpers.

Zuhören und Hörverstehen sowie das Sprechen werden gefördert. Das Gleichgewicht wird verbessert.

**Durchführung:**

• Stellen Sie sich mit leicht angewinkelten Knien bequem hin.
• Strecken Sie einen Arm aus und zeigen Sie in die Ferne.
• Legen Sie den Kopf auf die Schulter der zeigenden Hand.
• Schauen Sie mit weit offenen Augen über die zielende Hand in die Weite und malen Sie dabei eine liegende Acht.

## 5.2.4 Emotionalen Streß regulieren

Emotionen bzw. emotionaler Streß, wie innere Konflikte, (traumatische) Erlebnisse, aber auch Unbehagen, Ängste und Sorgen rufen im Körper Ungleichgewichte, Energieblockaden hervor. Sie zehren an den Energien und können letztlich zu Krankheiten führen. Es sind Streßfaktoren für Körper, Geist und Psyche.

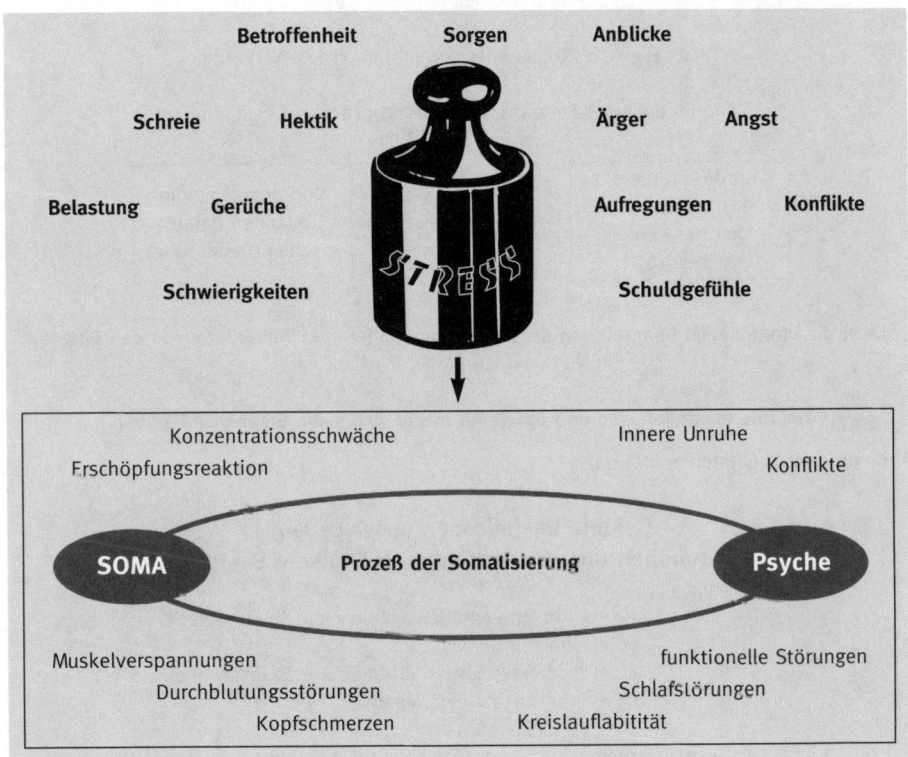

**Abb. 29** Streßfaktoren und ihre Auswirkungen

Solche emotionalen Stresse, die durch Gedanken, Gefühle, Glaubenssätze, aber auch durch soziale und andere äußere Gegebenheiten ausgelöst werden, beeinflussen unser Leben, Gesundheit und Wohlbefinden (s. Abb. 29). Diese Stresse bzw. emotionalen Blockaden entstehen aus gegenwärtigen, vergangenen und zukünftigen Ereignissen und Situationen und können eine unterschiedliche Intensität bzw. Belastung besitzen (s. Abb. 31). Sie entstehen in der Regel im Kopf und führen letztlich zu Muskelungleichgewichten, Schmerzen bestimmen unser Verhalten (s. Abb. 30).

**Gefühle** bewegen uns

**Emotionen** sind das, was uns bewegt.

Sie entscheiden darüber,
• was wir anstreben,
• was uns motiviert,
• was wir meiden, nicht tun.

Unser logisches Denken ist nur ein hilfreiches Werkzeug.

Die Stärke einer Emotion wird von zwei Faktoren bestimmt:

| von der Stärke des Eindrucks, des Reizes, den der Körper meldet | von dem, was die Gedanken daraus machen (Bedeutung) |

**Nicht die Dinge selbst beunruhigen die Menschen, sondern die Vorstellung von den Dingen.**
EPIKRET, GRIECHISCHER PHILOSOPH

**Gefühle entstehen also im Kopf. Jeder macht sich seine Gefühlswelt selber.**

**Abb. 30** Gefühle entstehen im Kopf

**Gefühle beeinflussen unser Leben,
Gesundheit und Wohlbefinden und unsere Energie**

• Kann ich vertrauensvoll in die Zukunft sehen?
• Bin ich optimistisch?
• Bestimmen mich Mißtrauen und Selbstzweifel?
• Sehe ich nur das Negative?

Erfahrungen von Gestern wirken auf das Heute.

• Uns bricht das Herz.
• Uns dreht sich der Magen um vor Ekel.
• Wir zerspringen vor Freude.
• Wir kochen über vor Wut.
• Wir erstarren vor Angst.

**Alles das entsteht und läuft ab in unserem Gehirn.**

**Abb. 31** Zusammenhang von Gefühl, Erfahrung und Verstand

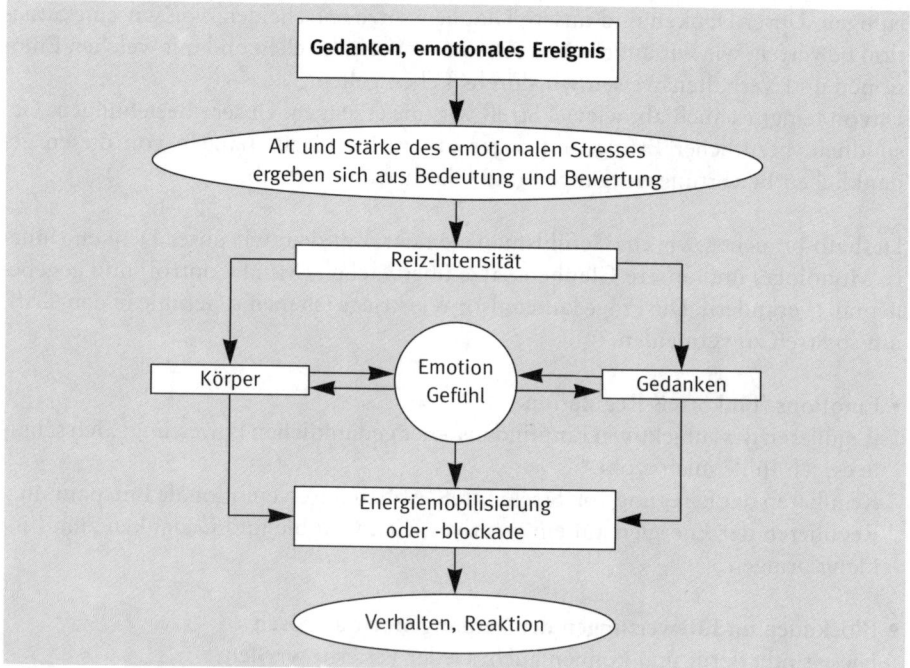

**Abb. 32** Zusammenhang von emotionalem Streß und Verhalten

Körper und Geist sind wie ein Tandem bei der Entstehung von Gefühlen. Beide beeinflussen sich wechselseitig. Wir funktionieren psychosomatisch.

Die Wechselwirkungen z.B. zwischen Gedanken und Gefühlen lassen sich an folgendem Beispiel erläutern.

> Sie gehen mit zügigen Schritten auf einem Gehweg. Ihnen kommt ein Mann entgegen, den Sie nicht bemerkt haben. Er rempelt Sie kräftig an. Sie rufen (Körper) „Aua" und denken: „Was soll das?" Sie bekommen blitzschnell einen Adrenalinstoß und Ihre Psyche meldet: „Alarm!" Sie sind erregt, verärgert und wollen den Mann anschreien. Doch Sie bemerken plötzlich an seinem Arm die Blinden-Binde. Ihr Ärger schlägt um. Sie bekommen Mitleid. Vielleicht entsteht sogar Scham, weil Sie das nicht eher gesehen haben und den Zusammenstoß hätten vermeiden können.

Dieses „Wechselbad der Gefühle" zeigt, daß es hauptsächlich unsere Gedanken sind, die unsere Gefühle bestimmen. Unsere Gedanken, aber auch unsere Überzeugungen und Glaubenssätze können unsere Gefühle erregen, anfeuern, aber auch be-

ruhigen. Unser Denken und unsere Glaubenssätze entscheiden, wie wir eine Situation bewerten, wie wir andere Menschen und Vorfälle sehen und mit welchen Emotionen und Verhaltensweisen wir durchs Leben gehen.
Davon hängt es auch ab, wieviel Streß wir uns erzeugen. Unsere Beziehungen, Gesundheit, beruflicher Erfolg und sogar unsere Intelligenz hängen von diesen gedanklichen Bewertungsvorgängen und Glaubensmustern ab.

Deshalb brauchen wir ein Gefühlsmanagement, mit dem wir unser Denken (Innere Monologe) und unsere Glaubenssätze überwachen (Mind Control) und gegebenenfalls verändern. Die Frage lautet also: Wie kriege ich meine Gefühle in den Griff, um so Streß zu vermeiden?

- **Emotions- und Streß-Regulation**
  Regulieren des subjektiven Empfindens – der gedanklichen Bewertung: „Ich schaffe es, ich fühle mich wohl."
  Regulieren der Erregung von Streß: Streß-Abbau durch emotionale Entspannung.
  Regulieren der Energien auf ein positives Ziel: Gefühle und Gedanken zum Einklang bringen.

- **Blockaden und Bewertungen der Vergangenheit auflösen**
  Diese sind erlernt und können auch wieder verlernt werden,
  z.B. durch innere Selbstgespräche,
  durch Verarbeiten der Vergangenheit
  durch Änderung der Belastung und Bewertung.

- **Situations- und Problemregulation**
  Die emotional belastende Situation entweder verändern oder sich selbst an sie anpassen.
  *„Herr, gib mir den Mut, das zu ändern, was ich ändern kann, das hinzunehmen, was ich nicht ändern kann und Weisheit, um zwischen beiden zu unterscheiden."*
  *(Oetinger)*

- **Selbstregulation**
  Verletztes Selbstwertgefühl oder Selbstkonzept wieder herstellen.
  Selbstgespräche als Stimmungsmacher.

- **Bestehende Glaubenssätze und Denkmuster kreativ verändern**
  Das Festhalten an alten Begrenzungen verhindert oft den Streß-Abbau. Also muß man mit Hilfe der Kinesiologie bisher unbewußte und störende Glaubenssätze

aufdecken und zu neuen Überzeugungen kommen. Unterstützende Therapien wie Bachblüten, Farblicht und Klänge, die kinesiologisch ausgetestet werden, können solche Veränderungsprozesse erleichtern.

Wenn wir eine heftige Emotion erleben, werden die entsprechende Augenstellung bzw. die vorgenommene Erschütterung unseres Gehörs im Körpergedächtnis gespeichert. Dieser emotionale Streß bleibt gespeichert und unser Körper bzw. unsere Sinne sind von nun an bei der Informationsverarbeitung beeinträchtigt. Es kann dann passieren, daß wir durch das Schauen in eine bestimmte Richtung bzw. das Hören von bestimmten Geräuschen eine streßauslösende Reaktion erleben.

Diese dysfunktionalen Reaktionen lassen sich mit folgender Übung auflösen. Unsere erschöpften Sinne werden dann mit neuer Energie versorgt.

### Aktivieren Sie Ihre erschöpften Sinne

**Massieren Sie Ihre Augenpunkte am Hinterkopf**

Diese liegen in den beiden Vertiefungen etwa 3 cm rechts und links der Wirbelsäule, unterhalb des Schädelrandes, auf der Höhe der Oberkante der Ohren.

Schauen Sie nacheinander in alle Richtungen, während sie die Punkte reizen. Dadurch werden eventuelle Blockaden gelöst, die Sinne aktiviert.

Es gibt in unserem Körper viele „Knöpfe" und „Schalter", die Spannungen und Energieblockaden lösen und auf volle Kraft Umschalten. Kopfschmerzen entstehen oft durch das „Abschalten" der Nackenmuskeln und durch Energieblockierungen. Die folgende Übung hilft beim Umschalten von Nacken-, Schlüsselbein- und Beinpunkten und löst damit Spannungen, z.B. aufgrund von Streß *(S. Promislow)*.

### Reiben Sie Ihre Spannungen weg

1. Reiben Sie Ihre Nackenpunkte:
Wo der Nacken an den Schädel grenzt.

2. Reiben Sie Ihre Schlüsselbeinpunkte:
Unter dem Schlüsselbein, in der Mitte zwischen Brustbein und Schulter.

3. Reiben Sie Ihre Beinpunkte:
Wo der Mittelfinger (bei herunterhängendem Arm) einen empfindlichen Punkt an der Seite des Oberschenkels findet.

Erste Hilfe bei emotionalem Streß bietet auch das Rubbeln der Gehirnknöpfe
(vgl. S. 116)
Diese Gehirnknöpfe sind Akupunkturpunkte des Nieren-Meridians, der mit Emotionen in Zusammenhang steht, z.B. mit Angst. Durch das Massieren dieser Punkte wird der Energiefluß in diesem Meridian angeregt.
Man kann diese Übung auch präventiv vor einem erregenden Ereignis (schwierige
Verhandlung, Bewerbergespräch, Klassenarbeit) durchführen.

Auch die bereits bekannte Positiv-Punkte- oder Stirnhöcker-Übung kann helfen, Gedanken und Gefühle in Einklang, in die Balance zu bringen.

### Alte Streßmuster auflösen

Wenn ein Erlebnis tief sitzt, Sie nicht losläßt, wenn Gedanken immer wieder um eine Sache kreisen, die eigentlich schon vergessen sein sollte, und bei dem Sie sich immer noch ärgern oder in Streß geraten, wenn Sie sich erinnern, wie Sie sich in einer
bestimmten streßauslösenden Situation verhalten haben, dann wird es höchste Zeit,
die tiefliegenden Blockaden zu lösen.
Mit Muskeltest lassen sich solche alten Muster – vielleicht sogar aus der Kindheit
– finden.
Das kann mit der Methode „Tools of the Trade" geschehen: Über eine Liste von
Schlüsselwörtern (Verhaltensbarometer) wird die für das gegenwärtige Problem ver-
antwortliche Emotion, wie z.B. Angst, Enttäuschung, ermittelt. Dann wird der Streß
von damals gelöst. Diese Therapie ist jedoch nicht als Selbsthilfe durchführbar.

**✎ Ändern Sie Ihr Verhalten**

**Ziel der Übung:**

Die Übung hilft Ihnen klar zu denken und ermöglicht es Ihnen, z.B. an einem be-
vorstehenden Gespräch mit Erregungscharakter teilzunehmen, ohne in Streß zu
geraten.

**Durchführung**

- Setzen Sie sich aufrecht und entspannt hin.

- Legen Sie Ihre Hände auf Ihre Stirn und Ihren Hinterkopf
  (oder bitten Sie jemand anders, das für Sie zu tun).

- Denken Sie nun an eine frühere Situation, die heute noch
  in Ihnen eine Streßreaktion verursacht.
  Was für eine Situation war es?

Wer war dabei?
Wo waren Sie? Erinnern Sie sich an viele Details.
Was sehen Sie?
Was hören Sie in dieser Situation?
Gab es auch Geruchs- oder Geschmackseindrücke?
Fühlen und spüren Sie, was zu spüren war? Kleidung, die Sie trugen?

- Wenn Sie alles wahrgenommen haben, was wahrzunehmen war, dann atmen Sie tief ein und aus.

- Stellen Sie sich die Situation nochmals genau vor.
Sehen, hören, fühlen Sie jetzt mehr. Vielleicht „erleben" Sie jetzt noch mehr.
Danach atmen Sie wieder tief ein und aus.

- Durchleben Sie jetzt noch ein drittes Mal diese streßverursachende Situation mit allen Sinnen.
Jetzt atmen Sie wieder tief ein und aus.

- Gehen Sie erneut in die Situation und fragen Sie sich, welche Gefühle Sie haben und wo Sie im Körper vorhanden sind.
Im Magen, im Nacken?
Machen Sie sich mit diesen Gefühlen vertraut. Sie sind Ihre körperliche Reaktion auf den emotionalen Streß, den Sie empfinden.

- Entschließen Sie sich jetzt in dieser alten Situation etwas zu verändern, so daß diese zu einer positiven Situation wird.
Vielleicht sagen Sie jetzt etwas anderes als früher oder verhalten sich anders, bitten um etwas, was Sie möchten.
Ändern Sie die Details, die die alte Situation bzw. das Bild völlig verändern, so daß ein Bild entsteht, in dem Sie sich voll wohlfühlen.

- Nachdem Sie die Situation verändert haben, erzählen Sie sich oder einem anderen Menschen die neue Situation.
Sagen Sie auch, wie Sie sich jetzt fühlen, was Sie spüren, daß die alten Gefühle jetzt verschwunden sind.
Haben sie jetzt ein Gefühl der Erleichterung, der Befreiung, dann ist alles in Ordnung. Ihre Streßreaktion ist dann verschwunden.

- Schließen Sie die Übung, indem Sie ein Gefühl von Wohlsein und guter Zirkulation in Ihrem Körper empfinden. Spüren Sie überall Ruhe in Ihrem Körper.

- Tun Sie jetzt noch einen letzten tiefen Atemzug.

### 5.2.5 Den verspannten Körper entblockieren

Auch der Körper ist am Streß beteiligt und zeigt seine Reaktionen wie Rückenschmerzen oder Schmerzen in Schultern oder Halswirbelsäule. Bei Sorge und Angst
lassen wir den Kopf hängen. Streß-Abbau bedeutet daher auch, den Körper mit entsprechenden Übungen zu entspannen. Wenn wir unter Dauerstreß stehen, werden
die Muskeln bald nicht mehr in der Lage sein, sich zu entspannen.
Die Kinesiologie und hier besonders „Touch for Health" bietet einfache Techniken
an, wie sich Muskeln über bestimmte Nervenrezeptoren stärken und beruhigen
lassen und wie das Zusammenspiel von Körperteilen mit Geist und Psyche wieder
hergestellt werden kann.
Auch die Hyperton-X-Methode kann hypertone (chronisch angespannte) Muskeln
durch sanfte Dehnungstechniken wieder entspannen. Im folgenden einige Beispiele für einfache Übungen zur Körperfitness und Entspannung der Muskulatur *(Gail
und Paul Dennison u.a., Brain-Gym für Büro).*

---

### 🖉 Lösen Sie Ihre Verspannungen in Schulter und Nacken (Eule)

**Ziel der Übung:**

Diese Übung löst Verspannungen in der Schulter- und Nackenmuskulatur.
Der Bewegungsradius beim Drehen des Kopfes vergrößert sich.

**Durchführung:**

• Legen Sie Ihre linke Hand auf die rechte Schulter, nahe beim
  Nacken.

• Drücken Sie den Muskel dort fest zusammen.

• Atmen Sie tief ein und aus, während Sie Ihren Kopf nach rechts
  drehen, bis Sie über Ihre rechte Schulter bequem nach hinten
  schauen können.

• Atmen Sie ein und drehen Sie den Kopf dabei in die Mitte.

• Atmen Sie jetzt aus und drehen Sie den Kopf nach links, so
  daß Sie über Ihre linke Schulter nach hinten schauen können.

• Atmen Sie ein und drehen Sie Ihren Kopf wieder in die Mitte.

• Nun neigen Sie Ihren Kopf beim Ausatmen leicht nach vorne und ziehen Sie Ihr
  Kinn zur Brust.

• Atmen Sie ein und heben Sie dabei den Kopf wieder an.

• Wiederholen Sie diese Übung dreimal auf jeder Seite.

## ✐ Lösen Sie Ihre Verspannungen in Bein und Wade (Wadenpumpe)

**Ziel der Übung:**

Diese Übung löst die Verspannungen der Bein- und Wadenmuskulatur.
Aber auch die Aufmerksamkeitsspanne und die Fähigkeit, Aufgaben zu lösen, verbessert sich.
Gefördert wird auch das Hörverstehen und die Fähigkeit zu kommunizieren.

**Durchführung:**

• Stellen Sie sich vor eine Wand oder eine Stuhllehne

• Stützen Sie sich mit den Händen ab, plazieren Sie ein Bein hinter sich und lehnen Sie sich nach vorn, wobei Sie das Knie des vorderen Beines beugen.

• In der Grundposition heben Sie die Ferse vom Boden ab, während Ihr Gewicht auf den vorderen Fuß liegt.

• In der zweiten Position verlagern Sie das Gewicht auf das hintere Bein, so daß die Ferse auf den Boden gedrückt wird.

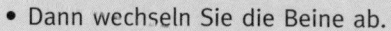

• Dabei atmen Sie aus, wenn Sie die Ferse nach unten drücken. Das gestreckte Bein und der Rücken sind auf einer Linie.

• Dann wechseln Sie die Beine ab.

• Führen Sie die Übung auf beiden Seiten 3 bis 5 mal durch.

## Lösen Sie Ihre Verspannungen im Nacken

**Ziel der Übung:**

Verspannungen im Nacken werden durch diese Übung gelockert.
Geistige Aktivitäten können streßfreier und wirkungsvoller durchgeführt werden.

**Durchführung:**

- Atmen Sie tief ein und aus und entspannen Sie dabei Ihre Schultern.

- Neigen Sie zuerst Ihren Kopf nach vorne, schließen Sie Ihre Augen und bewegen Sie Ihren Kopf dreimal leicht und langsam hin und her.

- Gehen Sie Ihre verspannten Stellen am Kopf nacheinander bewußt durch, entspannen Sie diese, atmen Sie tief durch, konzentrieren Sie sich auf Ihre Nase und machen Sie kleine Kreisbewegungen mit aufrechtem Kopf.

# 6 Streß abbauen durch Neurolinguistisches Programmieren (NLP)

## 6.1 Was ist NLP?

Mit NLP lassen sich u.a. innere Blockierungen, aber auch streßbedingte Überlastungen abbauen. NLP ersetzt die Blockierungen zugrundeliegenden Denkmuster durch geeignete.
Ich rege mich nicht mehr über alles so auf, weil ich einen inneren Abstand halte, Aufregendes dissoziiert betrachte oder mich öfters zurückziehe, mehr Ruhe und Gelassenheit tanke. Vielleicht sehe ich auch alles nicht mehr so einseitig aus einer – meiner – Sicht, ich lasse manches so stehen, wie es steht. Ich drehe meine Bilder, meine Vorstellungen im Kopf zurück.
Alles das läßt sich mit bestimmten Methoden aus dem NLP lernen, die Streß abbauen, regulieren oder gar auflösen.

NLP geht davon aus, daß über die Nerven (neuro) und die Sprache (linguistic) Verhaltens- und Denkmuster im Gehirn gebildet, gespeichert oder auch abgerufen werden können. Das bedeutet:

Wir können unser Gehirn nutzen, um Belastungen, Streß, Stimmungen, Gefühle zu verändern. So kann Streß sich nicht entfalten, wird kompensiert oder reduziert.

Im folgenden werden einige NLP-Methoden zum Streß-Abbau mit entsprechenden Übungen angeboten.

## 6.2 NLP-Methoden zum Streßabbau

### 6.2.1 Einen geistigen Zufluchtsort suchen

Es gibt viele Situationen des Alltags, die uns herausfordern, „in uns zu gehen", mit unserem Unterbewußtsein in Kontakt zu treten, uns selbst zu beeinflussen, zu verändern, Gewohnheiten umzustellen.
Ein ruhiger Ort, wo wir uns entspannen, uns wohlfühlen, kann Körper, Geist und Seele neue Kräfte und Klarheit geben. Hier können wir geistig Ferien machen, um dann anschließend mit mehr Energie dazustehen *(vgl. Ch. Godefrog, topfit).*
Ein solcher Zufluchtsort eignet sich auch für ein Gespräch mit unserem Unterbewußtsein, um so tiefer liegende Blockaden abzubauen.
Lassen Sie einfach geistig einen solchen Zufluchtsort vor Ihrem inneren Auge entstehen, indem Sie sich 10–20 Minuten dorthin zurückziehen.

## ✎ Suchen Sie Ihren geistigen Zufluchtsort

- Suchen Sie sich eine schöne Stelle, an der Sie sich wohlfühlen. Visualisieren Sie diese. Welche Stelle ist Ihnen besonders angenehm: eine schöne Naturszene, ein angenehmer Raum, in den Dünen, am Meer, auf einem Wiesenweg oder …
  Suchen Sie einen solchen idealen Zufluchtsort oder konstruieren Sie diesen.

- Suchen Sie sich – falls Sie sich diesen Ort noch nicht vorstellen können – Fotos, Zeitschriften u.a. zusammen, konstruieren Sie sich Ihre bezaubernde Zuflucht-Stelle.

- Gestalten Sie nun diesen Zufluchtsort in Ihrer Vorstellung. Machen Sie ihn zu einem traumhaften Ort, wo alles stimmt zum wohlfühlen und entspannen.
  Sie können ihn auch zeichnen bzw. eine Vorlage davon anfertigen. Visualisieren ist die Sprache des Unterbewußtseins.

- Setzen Sie sich entspannt hin, und zwar an einen Ort, wo Sie ungestört sind.

- Schließen Sie die Augen und atmen Sie tief und ruhig.

- Entspannen Sie nacheinander zunächst das Gesicht (Stirn, Augen, Mund, Kinn), dann Ihren Oberkörper (Schultern, Arme) und dann Ihren Unterkörper (Bauch, Beine, Füße).
  Fühlen Sie, wie sich die Muskeln lockern, Ihr Körper sich entspannt.

- Wenn Sie merken, daß sich die ersten Muskeln entspannen, zählen Sie bis 10, bevor Sie zur nächsten Muskelgruppe übergehen.

- Nun folgt die geistige Entspannung.
  Versuchen Sie, alle Gedanken, die Ihnen durch den Kopf gehen, wie Wolken vorbeiziehen zu lassen. Halten Sie sich bei keinem Gedanken auf.

- Nach einer Weile wird Ihr Kopf leer, der Geist klarer. Die Gedanken haben sich verflüchtigt. Es herrscht dann eine innere Ruhe, ein innerer Friede.
  Jetzt können Sie neue positive Gedanken aufnehmen, Gedanken für Ihr Gespräch mit dem Unterbewußtsein.

- Wenn jetzt Ruhe bei Ihnen eingetreten ist, erholen Sie sich körperlich, psychisch und geistig. Versetzen Sie sich jetzt an Ihren Zufluchtsort.

- Visualisieren Sie Ihren Zufluchtsort. Stellen Sie sich möglichst viele Details vor. Was sehen Sie? Was hören Sie? Was riechen oder schmecken Sie? Was fassen Sie an oder berühren Sie? Nehmen Sie möglichst viele Sinneseindrücke, die von diesem Zufluchtsort ausgehen, wahr.

- Genießen Sie alle Einzelheiten und das Wohlbefinden, das Sie erfüllt.
  Atmen sie tief durch. Sie fühlen sich wunderbar.

- Kehren Sie jetzt in das Hier und Jetzt zurück. Reisen Sie wieder in den Alltag.
  Zählen Sie dabei langsam bis zehn, öffnen Sie die Augen und recken und strecken Sie sich.

- Sie befinden sich jetzt wieder an Ihrem Ausgangspunkt, haben Kräfte, Energie für Körper, Geist und Seele aufgetankt, Ihr Organismus ist widerstandsfähiger geworden. Sie fühlen sich wohl.

Üben Sie diesen Rückzug zu Ihrem Lieblingsort möglichst einmal täglich 10–20 Minuten. Auch wenn Sie sich nur entspannen wollen, also nicht spezielles von Ihrem Unterbewußtsein verlangen, gibt Ihnen diese imaginäre Reise viel Entspannung und Kraft. Es sind geistige Ferien.

Das Visualisieren Ihres Zufluchtsortes ist die Sprache Ihres Unterbewußtseins. Dadurch treffen Sie es bzw. sprechen mit ihm. Sie können es in diesem entspannten Zustand beeinflussen und ihm Ihren Wunsch nach Kraft und Gesundheit mitteilen.

In dieser Übung haben wir gelernt, den idealen Treffpunkt mit dem Unterbewußtsein zu finden bzw. zu gestalten.

### 6.2.2 Abstand gewinnen, Gefühle reduzieren (Dissoziieren und Assoziieren)

Wenn Streß entsteht, ist es besonders wichtig, daß ich Abstand gewinnen kann, mich schützen oder isoliere, d.h. dissoziieren kann.
Ein Mensch ist dissoziiert, wenn er sich vor unerwünschten Erfahrungen oder Streßbelastungen schützen kann. Das ermöglicht eine Kontrolle des Denkens und Verhaltens, weil ich den Streß nicht an mich heranlasse.

Wir sind dissoziiert, wenn wir einGefühl von innerer Distanz zu unserer Wahrnehmung haben. Das hat den Vorteil, daß wir von ihr nicht überwältigt werden. Im Alltag führt das dazu, daß wir Geschehnisse und Belastungen mit größerem Abstand erleben. Diese berühren uns nicht mehr so sehr, gehen uns nicht mehr „unter die Haut". Bei Streß ist das sicher von Vorteil.

Anders bei Prüfungsangst oder Lampenfieber. Hier kann sich die Dissoziation nachteilig auswirken, wenn ich von meinen Fähigkeiten „getrennt" werde. Damit wird der Kontakt zum Denken, zum Gelernten, zu meinen Ressourcen gestört. Wir müssen die Methode der Dissoziation also bewußt handhaben.

Es gibt Situationen, z.B. Auseinandersetzungen mit anderen Menschen, in denen Gefühle, die einen belasten, viele Energien aufbrauchen.
Je unmittelbarer mich die emotionalen Reaktionen betreffen, je eher blockieren sie mich und wirken als Energiefresser, so daß für die eigentliche Zielverwirklichung nicht mehr alle Energien zur Verfügung stehen.

Im NLP werden zwei Techniken angewandt, um die Energie entsprechend der Situation zu regulieren.

**Dissoziieren:** Wir erleben uns in der Vorstellung von einem außenliegenden Beob-achter-Standpunkt, nicht als unmittelbarer Akteur, sondern als Kino-Zuschauer un-seres eigenen Filmes. Wir erleben uns, ein Konfliktgespräch u.a., aus einer gewis-sen Distanz.

Wenn wir dissoziiert sind,
• erleben wir eine Vorstellung, eine Situation, eine Erinnerung oder Phantasie als Zuschauer.
• stehen wir außerhalb und sehen uns im Film.
• hören wir uns aus der Distanz reden.
• sind unsere Gefühlsreaktionen schwächer.

**Assoziieren:** Wir erleben uns, eine Situation mit anderen, aus der unmittelbaren Teil-habe vom Standpunkt der eigenen Person, unmittelbar im Geschehen, direkt betei-ligt in der Vorstellung als Akteur.

Wenn wir assoziiert sind,
• sehen wir das Geschehen unmittelbar mit den eigenen Augen, mit den eigenen Ohren. Wir fühlen vielleicht mit dem eigenen Körper den Schmerz.

Ziel der NLP-Arbeit mit Assoziationen und Dissoziationen ist es, die Gefühlsreak-tionen, die Betroffenheit oder gar die Angst zu verändern. Ferner geht es um das Bearbeiten von Körpergefühlen, um Schmerzkontrolle und um kontrollierten En-ergieeinsatz bzw. um das Haushalten mit Energie.

**Sich dissoziieren**

Versuchen Sie, Erlebnisse, Erinnerungen, die für Sie unangenehm, bedrückend, angsterzeugend oder emotional aufwühlend sind, in denen sie also assoziiert sind, in einen dissoziierten, „entfernteren" Zustand zu bringen. Dadurch wird alles nicht mehr so bedrückend. Gehen Sie dabei folgendermaßen vor:

**Durchführung:**

- Suchen Sie eine unangenehme Situation aus Ihrer Vergangenheit. Sie sollte jedoch wenig belastend sein.

- Erleben Sie diese Situation assoziiert, also unmittelbar beteiligt? Wenn nicht, wählen Sie eine andere, in der Sie assoziiert sind.

- Versuchen Sie, die Situation dissoziiert nachzuleben, um zu erleben, wie dies Ihre Erfahrung verändert. Treten Sie aus Ihrem Körper heraus und betrachten Sie das Ereignis aus einiger Entfernung. Wie verändert sich Ihr Empfinden, wenn die Entfernung größer wird?

Die folgende Übung, die vom NLP-Mitbegründer Richard Bandler Umkehrtherapie genannt wurde, kombiniert die Dissoziation mit dem Rücklauf von Bildern. Eine unangenehme Situation, die viel Energie verzehrt, läßt man in der Vorstellung schnell als Film rückwärts laufen. Dadurch entsteht in der Regel eine Dissoziation und ein anderes, weniger belastendes Gefühl.

 **Umkehrtherapie**

**Durchführung:**

- Wählen Sie eine unangenehme Situation aus und schauen Sie diese dissoziiert an.
  Lassen Sie die ausgewählte unangenehme Erinnerung als Film ablaufen.
  Stellen Sie dabei fest, ob diese Sie noch stört, belastet.

- Die Erinnerung lassen Sie jetzt rückwärts ablaufen, vom Schluß bis zum Anfang.
  Machen Sie den Rücklauf sehr schnell, so als ob man einen Film zurückspulen würde.

- Lassen Sie den Film mit der Erinnerung wieder normal vorwärts laufen.
  Wie fühlt sich diese Erinnerung jetzt an?
  Es ist sicher eine emotionale Distanz und eine geringere Gefühlsreaktion entstanden, die weniger Energie verbraucht.

Auch die folgende Übung wurde von Bandler entwickelt. Sie arbeitet mit der visuellen Dissoziation und der Veränderung bzw. Verfremdung im auditiven Bereich. Es wird hier also nicht nur mit den Bildern gespielt, sondern am Mischpult werden die hörbaren Komponenten eines Films verändert, um die emotionale Reaktion zu verringern. Das kann geschehen, indem Sie in Ihrer Vorstellung im Film

- den Ton leiser oder lauter drehen,
- die Bänder schneller oder langsamer ablaufen lassen, indem Sie
- dem Film völlig andere Dialoge oder Kommentare unterlegen,
- andere Geräuschkulissen oder Musik unterlegen.

### Ⓘ Ultrakurzzeittherapie

**Durchführung:**

- Schauen Sie sich den Film über ein von Ihnen ausgewähltes unangenehmes Ereignis dissoziiert an, z.B. eine Enttäuschung, einen Streit. Fühlen Sie sich dabei schlecht. Wenn nicht, wählen Sie eine andere Situation.
- Schauen Sie den Film nochmals an, aber unterlegen Sie ihn mit einer schönen, lauten Zirkusmusik.
  Hören Sie dieser Zirkusmusik bis zum Schluß intensiv zu – bis zum Ende des Films.
- Betrachten Sie den Originalfilm noch einmal. Fühlen Sie sich jetzt besser? In der Regel ja.

### 6.2.3 Einen Separator setzen

Ein Separator ist ein plötzlicher Reiz, eine Verhaltensweise, welche den bisherigen Zustand, z.B. eine Streßsituation, verändert. Dies hilft dem Gestreßten gezielt in einen anderen Zustand zu kommen, indem das bisherige Wahrnehmungsmuster unterbrochen wird. Ich steige z.B. aus der Streßsituation aus. Der Separator trennt mich von der belastenden Wahrnehmung.

Ein Separator kann auf allen Sinneskanälen wirken:

- **Visuell (über die Augen)**
  Ich wechsle den Blickwinkel, setze im Geiste eine dunkle Sonnenbrille auf, sehe mich mit neuer Frisur nach einem Friseurbesuch, schaue auf eine wunderschöne Landschaft und nicht mehr auf die bekannte stressige Situation.

- **Auditiv (über die Ohren)**
  Ich schalte eine entspannende bzw. meine Lieblingsmusik ein.
  Das Telefon unterbricht die Streßwahrnehmung.

- **Kinästhetisch (über das Gefühl)**
Duschen, spazieren gehen, mich umziehen oder Yoga machen.
*„Hier lasse einen Seufzer fahren".*

- **Olfaktorisch (über den Geruch)**
Tief durchatmen, Fenster öffnen, ätherisches Öl (z.B. Rose, Majoran, Melisse).

- **Gustatorisch (über den Geschmack)**
Zähne putzen, Capuccino trinken.

Je nach Sinneskanal wirkt der Separator stärker oder schwächer. Ein Spaziergang in oder nach einer Streßsituation wirkt gleich mehrfach als Separator: Blick in eine schöne Landschaft, Zwitschern der Vögel, frische Luft oder Tannenduft, Salz auf den Lippen (am Meer).
Unterschiedliche Separatoren wirken auch unterschiedlich lange (z.B. Telefon klingeln und Wohnungswechsel).
Der gezielte Umgang mit einem Separator kann wesentlich dazu beitragen, daß Streß im „Keim erstickt" wird, d.h. gar nicht entsteht oder abgebaut wird.

### ⬛ Setzen Sie einen Seperator

Felix Pause hängt noch immer in seinem Streß-Erlebnis. Er muß pausenlos daran denken, wie ihn sein Chef heute im Betrieb zur Schnecke gemacht hat.

Jetzt sitzt er in seinem Wohnzimmer und verdirbt sich mit solchen Streß-Gedanken den Abend. Das belastet ihn ganz ordentlich. Es wird höchste Zeit, auf andere Gedanken zu kommen, weg von hier, sich ablenken, einen Seperator setzen.

Welchen Seperator könnte Felix Pause setzen? Auf welchem Sinneskanal, mit welchen Verhaltensweisen?

_____
_____
_____
_____
_____
_____

### 6.2.4 Reframing: Das Problem aus einer anderen Sicht sehen

Beim Reframing (engl. frame = Rahmen) handelt es sich um eine Methode, seinem Denken eine andere Perspektive zu geben. Sie wird von vielen Menschen im Alltag oft unbewußt angewandt. Sie gehört aber auch zum „Instrumentarium" des „Neuro-Linguistischen Programmierens".

Reframing = Mit einem neuen Rahmen versehen, etwas umdeuten.
Es gibt nichts Positives oder Negatives. Entscheidend ist, wie wir die Dinge sehen.

 Stellen Sie sich vor, ein Mitarbeiter hat den Auftrag bei einem Unternehmen nicht bekommen, weil ein Mitbewerber erfolgreicher war. Sie ärgern sich, regen sich auf, geraten in Erregung und wollen den Mitarbeiter deshalb „rund machen". Er ist ein Versager, unfähig!
Im Gespräch mit ihm erfahren Sie jedoch, daß er wußte, daß das Unternehmen Konkurs anmelden mußte und er deshalb keinen Wert auf den Auftrag gelegt hat.

Nun sieht die Situation plötzlich anders aus. Der Rahmen für die Beurteilung des Mitarbeiters und damit für den Streß hat sich verändert.

Der Streß hätte sich vermeiden lassen, hätte sich der Chef nicht selber einen „Rahmen" gefertigt, sondern vorher mit seinem Mitarbeiter gesprochen oder sich gleich einen anderen Rahmen, eine andere Betrachterperspektive gemacht.

Der Lösungsprozeß eines Problems beginnt häufig damit, daß wir die erfahrenen Sachverhalte in einem anderen Licht sehen:
Setze vermeintlichen Unfähigkeiten neue Rahmen – so werden sie zu Fähigkeiten!

Reframen ist auch in Gedanken möglich. Setzen Sie Ihren Gedanken neue Rahmen, verändern Sie diese. In Gedanken „reframen" Sie folgendermaßen: „Früher dachte ich, er oder sie sei ..., heute weiß ich, er oder sie ist ...!"

**Beispiel:** *Früher fand ich Sport langweilig, jetzt weiß ich, daß es Spaß macht.*

Wenn Sie sich gerade über etwas geärgert haben, können sie unterschiedlich reagieren. Lohnt es sich, sich dafür aufzuregen?
Schauen Sie sich das unangenehme Ereignis, den Konflikt, an, als würden Sie es auf dem Bildschirm einer Überwachungskamera verfolgen können, und dann noch in schwarz-weiß. – Jetzt stehen Sie außerhalb der Situation und sind von Ihrem direkten Erleben getrennt. Sie empfinden lediglich wie ein neutraler Bildschirmbeobachter.

Auf diese Weise werden Sie wieder handlungsfähig, weil Sie nicht mehr so verärgert bzw. emotional aufgebracht sind.

Sie können Reframing zum Beispiel auch verwenden

• um früher durchlebte negative und schmerzhafte Situationen Ihres Lebens umzudeuten, positive Seiten zu erkennen;
• um selbst in einer schwierigen Situation (z.B. Krankheit) noch Hoffnungen, andere Wege zu entdecken und auszuprobieren;
• um lästige Angewohnheiten abzuschaffen, zu ändern;
• um z.B. ein Projekt anzugehen, wozu Sie sich bisher nicht aufraffen konnten.

> Als Optimist schauen Sie morgens aus dem Fenster und sagen: „Ein neuer Tag beginnt; Guten Morgen!"
>
> Als Pessimist sagen Sie: „Oh weh, dieser Tag!"

*Der einzige Mist, auf dem nichts wächst, ist der Pessimist.* THEODOR HEUSS

## Fallstudie: „Ich habe es zu einseitig gesehen"

Margarete Pille, 38, kommt zu Mental-Berater Hans Clausen. Sie ist eine Frau, die alles negativ sieht, eine „Negaholikerin". Sie berichtet: „Ich war in einem Weiterbildungs-Seminar und hatte einen inneren Konflikt: Ich meldete mich kaum. Ich bin eben eine schüchterne Frau, mein Studium reicht nicht. Daran ist meine Mutter schuld. Es fehlt mir an Selbstbewußtsein."

Mental-Berater Clausen entgegnet: „Sie müssen heraus aus ihrer negativen Denk-Mentalität, aus der Sackgasse Ihrer einseitigen Perspektive, einen neuen Betrachter-Rahmen finden".

Frau Piller: „Woher wollen Sie denn das wissen? Sie machen sich das zu einfach."

Mental-Berater Clausen wird den Gedanken nicht los, als seien die Aussagen von Frau Piller nicht wahr, entsprächen nicht dem, was im Seminar wirklich passiert ist.
Deshalb beobachtet er Frau Piller (ihre Augen, Gesten, Verallgemeinerungen), als er sie nochmals nach der Beteiligung im Seminar befragt. Dann sagt er: „Lassen Sie uns versuchen, Ihre Schüchternheit noch etwas näher zu untersuchen. Sind Sie in allen Situationen schüchtern? Haben Sie Situationen erlebt, wo Sie froh waren, daß Sie vorsichtiger beim Reden waren? Können Sie sich vorstellen, daß Zurückhaltung auch positive Wirkungen auslöst bei anderen Menschen? Kennen Sie Menschen, die Sie mögen, die sich angezogen fühlen, weil Sie zurückhaltend und kein Vielredner sind? Stellen Sie sich vor, daß Sie sich im Seminar nur dann zu Wort melden, wenn Sie etwas Fundiertes zu sagen haben?"

Wie kommt es, daß Menschen nur die negativen Perspektiven ihrers Denkens und Verhaltens sehen bzw. aussprechen? Welches sind Ursachen und Wirkungen bei einem selbst und bei anderen?

Woher kommen Schüchternheit und mangelndes Selbstbewußtsein?
Wie kann man sie positiv verändern?

> Margarete Pille will jetzt ihre einseitige Wahrnehmung aufheben und sich selbst und damit auch ihre Situation in einem anderen Licht betrachten, statt nur den einseitigen Blickwinkel ihrer Schüchternheit zu sehen. Zuerst will sie die Tatsachen anders bewerten, ein Reframing für sich und ihre Schüchternheit machen. Erst danach soll sich auch ihr Verhalten ändern.

Die Untersuchungsmethode von Mental-Berater Clausen nennt man Reframing.

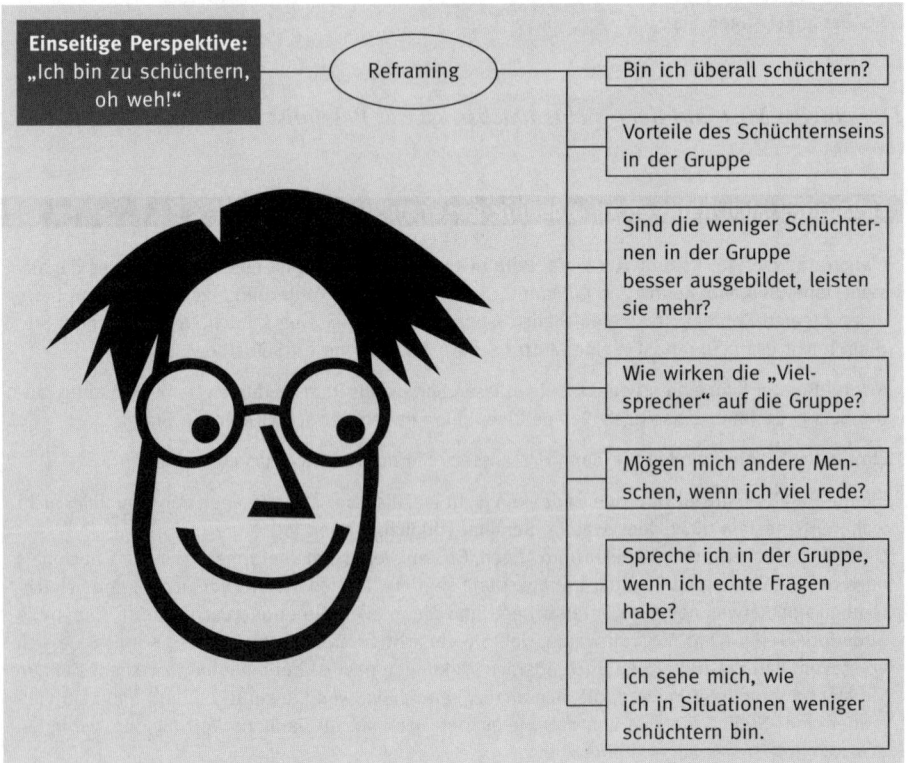

**Abb.** 33 Reframing

Unser Unterbewußtsein besitzt große Energien und Kräfte. Wir müssen sie nur „anzapfen". Mit nachfolgender Übung wollen wir Kontakt mit unserem Unterbewußtsein aufnehmen und dabei Energien freisetzen für unsere Ziele, für Aufgaben, die wir uns schon lange vorgenommen haben, aber immer wieder aufschieben.

Beispiel: „Eigentlich müßte ich etwas für meine Gesundheit tun und mal wieder Yoga machen." Es gibt es aber immer wieder Gründe, die mich bewegen, es nicht zu tun.

Stellen Sie sich Ihr Unterbewußtsein als Team (z.B. in einem Betrieb oder einem Seminar) vor. Die optimale Energie läßt sich entfalten, wenn alle Teammitglieder an einem Strang ziehen, alle Teile das gleiche Ziel anstreben, in die gleiche Richtung streben. Das verstärkt das Energiepotential und ist auch gut für die Aufgabenbewältigung. So soll es auch bei der folgenden Übung, einem Six-Step-Reframing sein. Six-Step-Reframing ist ein Problemlösungsprozeß (aus dem NLP) in sechs Schritten.

## Es kommt auf die richtige Betrachtung an: Six-Step-Reframing

**1. Welches Verhaltensmuster möchten Sie ändern?**
z.B. mit dem Yoga anfangen, regelmäßig in einen Kurs gehen, um es dort zu lernen und zuhause zu üben.
Was hindert Sie daran, zu beginnen?

**2. Setzen Sie sich in entspannter Haltung hin.**
Schließen Sie die Augen und entspannen Sie sich, möglichst tief.

**3. Bestimmen Sie das Problemverhalten.**
Was hindert Sie daran, jetzt mit Yoga zu beginnen?
Hindert Sie X immer oder nur manchmal?
Sind diese Störfaktoren sinnvoll?
Gibt es eine Ihnen bisher verborgene positive Absicht, die Sie mit diesem Verhalten verfolgen?
Fragen Sie solange weiter, bis Sie eine akzeptable Absicht für die „Aufschieberitis" des Yoga gefunden haben.

**4. Neue, andere Wege gehen**
Sind Sie bereit, Ihr bisheriges Verhalten zu ändern, um mit dem Yoga zu beginnen? Sind Sie bereit, auch neue Wege für diese Absicht zu gehen?  →

Dann überlegen Sie sich bitte drei Wege oder Möglichkeiten, mit denen Sie Ihre Absicht, mit Yoga zu beginnen, verwirklichen können.

### 5. Eventuelle Einwände überprüfen (Ökologie-Check)

Gibt es irgendwelche Einwände gegen diese neuen Wege, Möglichkeiten oder Verhaltensweisen?
Wenn ja: Verändern sie diese Wege so lange, bis Ihnen keine Einwände mehr einfallen.

### 6. Übernehmen Sie Verantwortung (Future-pace)

Sind Sie sicher, daß Sie jetzt diesen Weg auch gehen, mit dem Yoga beginnen bzw. Ihr neues Verhalten praktizieren?
Bei Nein: Gehen Sie wieder zurück zu Schritt 5 oder 4.
Bei Ja: Glauben Sie, daß es klappt?
Bei Nein: Jetzt lassen Sie sich überraschen.
Bei Ja: Jetzt sind Sie am Ziel.

Wichtig ist, daß Sie sich stets in einem entspannten Zustand befinden. In der Regel übernimmt bei dieser Übung einer bzw. eine die Beraterrolle und stellt die Fragen an den Betroffenen und beobachtet ihn genau.

# Literaturverzeichnis

**Barhydt, Hap und E.:** Self help for stress and pain. Auburn 1989.

**Daiber, Claudia:** Essen, das glücklich macht. Augsburg 1997.

**Decker, Franz:** Die neuen Methoden des Lernens und der Veränderung, Würzburg 1996.

**Decker, Franz:** Energiebalance finden. Heidelberg 1997.

**Decker, Franz:** Übungen zur Energie-Balance. Heidelberg 1997.

**Decker, Franz / Decker, Albert:** Ausgelernt gibt's nicht. Würzburg 1998.

**Decker, Franz / Bäcker, Brigitte:** Kinesiologie mit Kindern. Berlin 1998.

**Dewe, Bruce / Dewe, Joan:** Frei von Streß. Freiburg 1998.

**Dennison, Gail E. / Dennison, Paul / Teplitz, Jerry:** Brain-Gym fürs Büro. Freiburg 1996.

**Diamond, John:** Der Körper lügt nicht. Freiburg 1995.

**Godefrog, Ch.:** Topfit. Genf 1992.

**Goldschmidt, Annemarie:** Alles klar mit Kinesiologie. Freiburg 1997.

**Greuel, Hans:** Das Zeitalter des Hörsturzes, Düsseldorf 1996.

**Grüber, Isa:** Praxishandbuch Kinesiologie. München 1998.

**Hehner, Gerd:** Hilfe bei Streß. Oberhaching 1989.

**Hutchinson, Michael:** Mega Brains. Paderborn 1996.

**Kehoe, John:** Mind Power. Aitrang 1993.

**Leibold, Gerhard:** Mehr leisten ohne Tabletten. Wiesbaden 1991.

**Mansmann, Vinzenz:** Total erschöpft. Mit Naturheilmitteln zu neuer Energie. München 1998.

**Ostrander, Sheila / Ostrander, Nancy / Schröder, Lynn:** Leichter lernen ohne Streß. Superlearning. München 1988.

**Promislow, Sharon:** 10 starke Tips bei Streß. Freiburg 1998.

**Röcker, Anna E.:** Übungseinheiten Yoga, München 1998.

**Reynolds, Siimon:** Gut drauf in acht Minuten. München 1997.

**Schwinghammer, Herbert:** Brainfood. Essen, das intelligent macht. Augsburg 1997.

**Thie, John F.:** Gesund durch Berühren. München 1995.

**Fernsehen DRS (Hrsg.):** Lotos, Einführung und Anleitung zum Yoga. Bern 1987.

## Stichwortverzeichnis